KAWADE
夢文庫

キャッシュレス
どんどん得する使い方

福島えみ子

河出書房新社

＊本書に記載した情報は、すべて2019年8月時点のものです。
「キャッシュレス」に関する情報は、その更新や改変が相次ぐため、
最新のデータを確認くださいますようお願いいたします。

図表作成◉アルファヴィル
協力◉NEO企画

お金は「預けて増やす」から「払って増やす」時代に——はじめに

このところニュースなどで毎日のように〈キャッシュレス〉という言葉を耳にするようになりました。ファイナンシャル・プランナーである筆者のところへ相談にみえる方からも、「キャッシュレスにしたほうが、いいのでしょうか？」という質問がふえました。

キャッシュレスを導入したほうがよいといえる理由はさまざまありますが、突き詰めるとメリットは、つぎの2つではないでしょうか。

（1）お金をトクする

（2）時間をトクする

モノやサービスにたいして支払いをするというとき、お財布から現金を取りだして使っても、手元からただお金が出ていくだけで、「支払うメリット」は何もありません。

ところが、現金ではなく、電子マネー、QRコード決済、クレジットカードといった〈キャッシュレス決済〉で支払うと、キャッシュバックやポイントなどの「支払う＋α」が得られます。

しかも、ひとつの決済手段だけでなく、複数の決済手段を組み合わせて「二重にも三重にもメリットを受け取れる」のは、現金払いにはない特典です。

この二重、三重にトクする方法については本文で詳しく述べますが、たとえば、合計で3％が戻ってくる（還元《かんげん》）とすればどうでしょうか。

もし、キャッシュレス決済で月10万円、すなわち年120万円を使うとすれば、年間3万6000円の還元になります。決済手段を変えただけで。

たった3％程度か……と思うかもしれませんが、預金金利がよかった時代ならともかく、現在の普通預金の金利は0・001％、都市銀行の定期預金の金利でも0・01％です。これら預金金利と較べると、先の還元率3％は3000倍、300倍なのです（金利は2019年8月時点）。

「預けて増やす時代」は低金利時代の到来によって終わり、いまは逆に「払って増やす」べき時代に変わっているのです。

そう考えると、もはやキャッシュレス決済を使わず現金払いをつづける人は、ゼロどころか損をしているとさえいえるのです。

同時にキャッシュレスは、時間もトクします。なにかと忙《いそが》しい現代人にとって「現金にまつわる時間のムダ」は、けっして軽視できない損失です。

たとえば、手数料がかからない時間内にATMへいってお金をおろす、預ける、支払うためにお金を数える、おつりでふえた小銭を管理する、1万円など大きいお札を細かく崩《くず》す、手持ちのお金を数える……ざっと挙げただけでも、現金に捧《ささ》げてきたこれだけの手間と時間から、キャッシュレスはみごとに解放してくれるのです。

とはいえ、キャッシュレスもメリットばかりではありません。本書が伝える「活用するうえでの注意点や弱点」もよく知って、読者の皆さまもぜひ、キャッシュレスから「最大限のおトク」を受け取っていただきたいと思います。

福島えみ子

キャッシュレスどんどん得する使い方◉もくじ

1 「お金」はトクしながら使うのが常識に！

キャッシュレス基本のキ

2 支払い方を変えると「メリット」がいっぱい！

キャッシュレス、いつどこで？

3 キャッシュレスの使いわけ
あなたにピッタリの「選び方・始め方」はこれ！

4 キャッシュレスかしこい応用術 さらに「有利」に使うなるほどテクニックとは!

5 キャッシュレスでらくらく家計
「時短家計簿」ならお金が活きる・増える！

6 安心して使うための「セキュリティ」対策！

キャッシュレス心配相談

7

キャッシュレスならではの効果

「海外旅行」で必ずトクする知恵と方法！

1

キャッシュレス基本のキ

「お金」はトクしながら使うのが常識に！

現金よりトクする方法、ありますー

もっと手元のお金を増やしたい。しかも、手間をかけずに――。

そう考える人は、迷わずキャッシュレス生活に一歩踏み出すべきです。「キャッシュレス」とは、現金を使わない支払い手段の総称です。

まったく同じモノを買って、しかも、それには同じ価格表示がついているというのに、実際に支払う金額に差がつくとしたらどうでしょうか？　それが、現金で支払うか、「キャッシュレス」で支払うかという違いだけで。

これからの時代、キャッシュレスと現金では手元に残る金額に差がつきます。それだけでなく、「人生で使う時間」にも差がつくと断言できます。

現金とキャッシュレスなんて、わずかな差しかないと思うかもしれません。けれど、お金が貯《た》まらない人は、往々にして「目の前のちょっとした差」を見逃しがちです。「このくらいはまあいいか、面倒だし」が口癖《くちぐせ》だったりします。

反対にお金が貯まる人は、「目の前のちょっとした差」が将来にトータルでどのような結果になるのかを、たとえ無意識にでも把握する力に長《た》けています。

私は独立系のファイナンシャル・プランナーとして、日々お金に関するご相談にあたっています。これまでざっと１０００件近い家計を診断してきた経験から、このように感じています。

「チリつも貯金」というものがあります。ひとつずつは小さくても、積み重なると大きな金額になる――チリも積もれば山となるわけです。

同じことがキャッシュレスと現金にもいえます。しかも、キャッシュレス生活は〝チリを積もらせる〟のに、たいした努力を必要としません。

それが、ちょっとした旅行にいったり、洋服を買えたりしてしまう金額の差になります。「同じお給料なのに、あの人はたびたび旅行にいったりしているのに貯蓄もある。どうして余裕があるんだろう」と思ってしまう人がまわりにいるのではないでしょうか。それはまさに、こういった差が理由なのかもしれません。

ただ支払うだけ、つまり「お金を出ていかせるだけ」というアクションをつくらない。これだけで差がつきます。すこし極端な言い方をすれば、現金派はこれら得られたはずの金額をみすみす捨てているのも同然なのです。

この低金利の時代でも、キャッシュレスにすることによって、銀行に預けている金利をはるかに超える還元率のメリットがあります。〝支払っている〟にもかかわらず、です。投資運用とくらべ、リスクなしに手元のお金を増やせる方法だともいえます。

そう考えると、キャッシュレスを使わない手はないのではないでしょうか。

環境問題などでよく使われる「サスティナブル」という言葉は、「持続可能な」ことを意味します。じつは、お金が貯まるかどうかも、サスティナブルがキーワードです。手間がかかったり面倒くさかったりすると、どうしても続かないものです。

その点、キャッシュレスは支払い手段を変えるだけ。最初にしくみをつくってしまえば、ラクに家計がまわせます。

もっとも、キャッシュレスといっても、種類や使い方はさまざまです。本書では、上手に賢く使いこなす方法を紹介していきます。

現金派は外出先で何も買えなくなる?!

お財布を忘れて出かけてきてしまった。外出先でのピンチの最たるものです。電車は定期券やICカードで乗れたとしても、ランチは抜き、もしくはおずおずと友人に借りるしかありません。コーヒーの一杯も買えず、どこへも寄らず家へと帰るだけです。

ところが、お財布を持っていたとしても現金しか入っていなければ、同じような思いをする時代がすぐそこまできています。

けっして大げさな話ではありません。いまやキャッシュレスオンリー、つまり「現金お断り」のレストランが存在します。試験的にではありますが、キャッシュレスオンリーのコンビニも出てきています。

楽天グループのサッカーチーム「ヴィッセル神戸」の主催試合では、2019年のシーズンから「完全キャッシュレス」が宣言されています。大声で応援してビールが飲みたくても、子どもにグッズをせがまれても、現金しか持っていないから買えない――こんな現実がすでに実際に展開されているのです。

消費税が10％でも、2～5％取り戻す方法

これまで何度も見送られてきた消費税の増税。しかし2019年10月、いよいよ「消費税10％」が現実のものとなりそうです。

現在の8％でも、買い物をするときには税金の存在感をひしひし感じます。それが10％となれば、さらに負担感があります。月に10万円を支出にあてているなら、1万円の税金を支払うことになりますから、家計への影響も小さくないでしょう。

過去の増税前には多くの人が買いだめに走り、増税直後は景気が冷え込みました。

そこで、国はこのたびの増税による景気減速対策として、消費者がキャッシュレスで支払いをしたときに限り、5％あるいは2％をポイント還元する政策

を打ちだしています。

このポイント還元の正式名称は「キャッシュレス・消費者還元事業」。２０１９年10月～２０２０年６月の期間限定です。

本稿執筆の８月時点では、まだすべての情報は開示されていませんので、判明しているところだけお伝えします。

対象店舗で支払いをするときにキャッシュレス決済手段を使えば、５％が消費者にポイント還元されます。フランチャイズ等の店舗の場合は還元率は２％です。

対象店舗等は、あらかじめ「キャッシュレス決済事業者」の登録をした中小事業者に限られ、この事業のマークがついた店舗等が対象店舗の目印です。

消費者へ向けての詳細はこれから段階的に発表されるはずですから、最新情報に気をつけておきましょう。

10月増税までは、もう秒読み段階です。還元率を考えれば消費税増税分をゼロにできるどころか、５％時代と同じ状態にすることさえ可能です。増税と同時に還元の恩恵を受けられるよう、いますぐキャッシュレス生活の準備を始めておきましょう。

また、もしもあなたがモノやサービスを提供する側であれば、この還元を提供できる事業者になれないかを検討する価値はあります。

キャッシュレスにはこの4種の決済がある

キャッシュレスとは、基本的に、現金を使わない決済手段すべてを指します。

具体的には大きく、つぎの4つにわかれます。

（1）クレジットカード
（2）デビットカード
（3）電子マネー
（4）QRコード決済

（1）の「クレジットカード」については、あらためて説明する必要はないでしょう。お店などで支払うと、あとからまとめて請求されます。

(2)の「デビットカード」は、支払いをすると、即時に銀行口座から支払い額が引き落とされます。銀行口座と紐《ひも》づいた口座残高の範囲内でしか使えません。また、カードをつくるときには審査は基本的に不要です。

(3)の「電子マネー」は、文字どおり電子化されたお金をいいます。カードやスマホを端末にタッチすることで支払いができます。

(4)の「QRコード決済」は、QRコードやバーコードをスマートフォン(以下、スマホ)の画面に呼びだして決済する、あるいは店舗側のQRコードをこちらが読み取って決済するタイプです。「○○Pay」と呼ばれるものは、これに当たります。

電子マネーとQRコード決済は混同されることが多いようです。というのは、電子マネーもスマホに取り込んで使えるものが多いため、両者をまとめて〝スマホ決済〟と呼ぶこともあるからです。

これらキャッシュレス決済を、具体的な決済手段ごとにわけたのが次ページの図です。

キャッシュレスの決済手段いろいろ(一例)

クレジットカード
JCB
VISA
Master
American Express
…など

電子マネー 交通系
Suica
PASMO
Kitaca
TOICA
manaca
ICOCA
PiTaPa
nimoca
SUGOCA
はやかけん

電子マネー 流通系
WAON
nanaco

電子マネー その他
楽天Edy
iD
QUICPay

QRコード
PayPay
Origami Pay
Kyash
メルペイ
LINE Pay

金融系 モバイル決済
ゆうちょPay
JコインPay

前払い方式〈プリペイド〉と後払い方式〈ポストペイ〉

キャッシュレス決済には、もうひとつわけ方があります。それは「前払い方式（プリペイド）」と「後払い方式（ポストペイ）」です。

「前払い方式（プリペイド）」は、まさにその名のとおり、あらかじめ電子マネーやQRコード決済などのキャッシュレス決済手段に、一定の金額をチャージしておき、それで支払う方式です。チャージは、現金やクレジットカード、銀行口座などからおこなえます。

「後払い方式（ポストペイ）」は、支払ったあと、その支払い額がまとめて請求される方式です。ポストペイの代表格がクレジットカードです。

ただし、完璧に「前払い」と「後払い」でわけられるわけではありません。というのも、本来「前払い」である電子マネーやQRコード決済に、クレジットカードを連携させてチャージすることで、「後払い」にすることもできるからです。

キャッシュレスの3つの支払い方

前払い（プリペイド）	即時払い（デビット）	後払い（ポストペイ）
①カードやスマートフォンに**前もって入金（チャージ）** ②店の機械で読み取って支払い	店の機械でカードを読み取り、自分の銀行口座から**即座に**支払い	①支払代金はカード会社が立て替える ②支払代金分を**後から**カード会社に払う
電子マネー、プリペイドカードなど	**デビットカードなど**	**クレジットカードなど**

＊経済産業省HP「一般消費者向けキャッシュレスパンフレット」をもとに作成

ひとことでキャッシュレス決済といっても、このようにさまざまな手段がありますす。それぞれ特徴が異なりますから、自分に合ったものをどう使っていくかがポイントです。

キャッシュレスではどの部分がトクなの？

キャッシュレスにすると、現金とくらべて「同じ金額を支払ってもトク」をします。この「トク」には大きくわけて2通りあります。

（1）10％オフなど「支払い金額自体が割引」される。

（2）支払金額に応じたポイントがついたり、マイルが貯まったり、あるいはキャッシュバックが受けられる。

これらの片方、ないしは両方が受けられる場合もあります。

現金で支払っても何も生みださないのに対し、キャッシュレス決済ではプラスαのメリットがあります。このメリットを享受《きょうじゅ》するかどうかで差がつきます。

「ポイントやキャッシュバックなんて、どうせちょっとの差でしょ」なんて思うかもしれません。

しかし、私たちは生きているかぎり、消費をする存在です。ちょっとの差を20年、30年と積み重ねることで、手元に残るお金が違ってきます。

たとえば、1か月の支出が25万円あり、そのうち15万円をキャッシュレスにしたとします。ポイントやキャッシュバックの還元率が1％であれば、1か月で1500円、1年で1万8000円のトクになります。10年では18万円、20年なら36万円。この浮いたお金でできることは、たくさんあるはずです。

いまは控えめに1％で計算しましたが、やり方しだいでは2％やそれ以上の還元率も不可能ではありません。キャッシュレス生活は、こうした額を収入アップや投資運用で得るよりも、お金を増やすうえでラクな方法ではないでしょうか。

ポイントを「二重取り」「三重取り」するトクトク技

ただキャッシュレス生活をするだけでもトクできます。しかし、工夫しだいでもっとトクできます。

それは、「1つの支払いに対して、2つや3つものプラスαを同時に受け取る」ことで実現できます。どうすればそれが可能になるのでしょうか。

コツは「チャージ」するときの組み合わせワザです。チャージして使うものには、電子マネーとQRコード決済があります。ここにチャージする行為で1回目のポイントが貯まり、そのチャージした電子マネー等で支払う行為で2回目のポイントが貯まります。これでポイントが二重に得られます。

さらに、ポイントを三重取り、四重取りできる可能性もあります（図参照）。

「ポイント」の三重取りの例

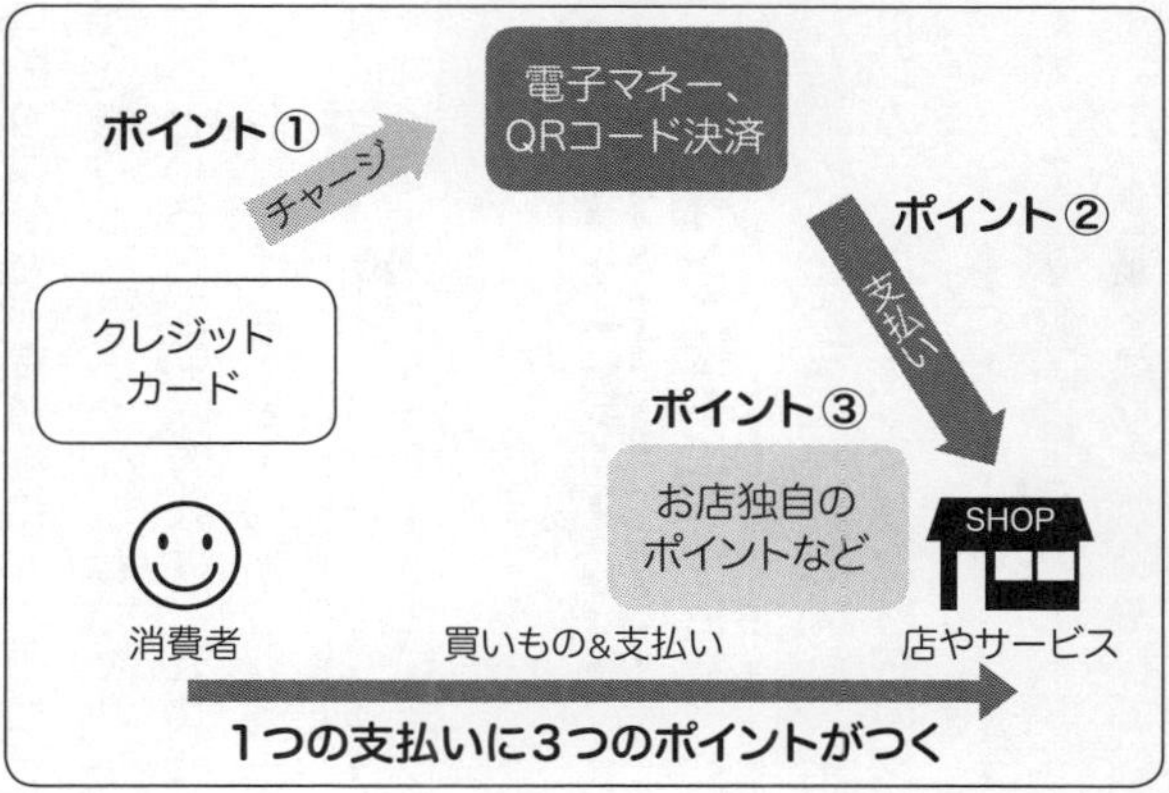

具体的な例を見てみましょう。

電子マネーの「楽天Ｅｄｙ」にクレジットカードからチャージすることで１つめのポイントが貯まり、楽天Ｅｄｙで支払うことで２つめのポイントが貯まります。

そして、楽天ポイントが貯まるお店で支払っていれば楽天ポイントが得られ、さらにお店が独自のポイントサービスを設けていれば、そのポイントもつきます。ひとつの支払いに対して、４つものポイントを獲得できる場合もあるのです。

ただし、注意点があります。いかなるチャージでもポイントの対象となるとは限りません。同じ電子マネーにチャージしても、銀行口座からのチャージや特定のクレジットカードはポイントがつくけれど、他のクレジットカードは対象外ということもあります。このため、チャージする前に確認が必要です。

いずれにしても、キャッシュレス生活でもっともトクする方法は、「組み合わせワザ」でポイントなどの二重取り、三重取りをすることです。自分に合ったもっともトクする組み合わせを探してみてください。

パンパンに膨らんだお財布とはサヨナラ

小ぶりなバッグを持ちたいのに、お財布が大きくスペースを取ってしまう。ズボンのうしろポケットがお財布のシルエットにふくらんでいる。キャッシュレスにすれば、こうした重くて大きいお財布問題とは無縁です。

重くてかさばる原因は小銭とカード。小銭をなくすだけでも、もちろんお財布はずいぶんと軽くなります。そして、「カード類をスマホに入れ込む」ことで、さらにコンパクトにできます。

現在のところ、あらゆるポイントカードをスマホに入れ込むことは難しいものの、「Tカード」「楽天ポイントカード」「dポイントカード」など、現状でスマホに入れられる主要なポイントカードを入れておくだけでも、ずいぶん違います。

「現金のほうがムダ使いしない」は大誤解⁈

「キャッシュレスだと、お金を使いすぎてしまわないか心配……」

「いくら使ったか、わからなくなる……」

現金派の人からよく聞くセリフです。

たしかに、心配する気持ちもわかります。しかし、「現金派のほうがお金を使いすぎない」とはいいきれません。

突然ですが、あなたのお財布の中には、いまいくら入っているでしょうか？

お金の相談で多くの家計を拝見していると、お金が貯まらないと悩んでいる人は、中身を把握していない人が多いようです。

いっぽう、お金が貯まる人ほどお財布の中身をすぐに答えられる傾向があると実感しています。お金が貯まる人は、自分のお金を具体的な数字としてつねに意識できているからです。

ところが、キャッシュレス生活では、さほど意識せずとも「自分のお金」がつねに金額で把握できるようになります。

たとえば、電子マネーであれば、スマホやレシートをさっと見るだけで、お財布の中身ならぬ残高がわかるからです。

また、お財布の残額だけでなく「いくら使ったか」を正確にいえるでしょうか。現金の場合、計算したり、残りのお金を数えたりしない限りは正確な金額が把握できません。

しかし、電子マネーやQRコード決済なら、レシートやスマホで何にいくら使ったかが1円単位まできっちり表示されるため、使った額も残高も一目瞭然です。現金よりもキャッシュレスのほうが、リアルタイムでどれだけ使ってどれだけ残っているかが格段に把握しやすいといえます。

ですから、「キャッシュレスだといくら使ったかわからなくなる」「使いすぎてしまいそう」は、杞憂《きゆう》にすぎないのです。

「使いすぎ」は、じつは支払い手段とは無縁の話で、むしろそれは「お金の使い方」や「お金とのつき合い方」のほうに問題がある場合が多いといえます。

使いすぎない人、貯める人の「お金術」とは

「使いすぎてしまう」のは、「お金の使い方」や「つき合い方」がうまくいっていないからです。それは支払い手段が現金であるかキャッシュレスであるかにかかわりません。

むしろ、お金を支払う理由が発生するたびに、「それは本当に必要なものか、ほかに代替できるものはないか」「この支払いは先々の自分に、どれくらい役に立ってくれるのか」を立ち止まって考えるほうが、使いすぎには断然、効果

があります。

たとえば、洋服を買おうとするとき。「こんなに気に入ったデザインにはめったに出会えない」「今度の集まりに絶対に着ていきたい」といった、「購入の動機」や「目先のシーン」ばかりに着目すると、どれも必要な出費に思えてしまい、なかなかムダはなくせません。

お金が貯まる人は、その先々の効果まで考えて買い物をします。たとえば「その洋服はこの先、〇回着るチャンスがあるのか？」と考えます。

そして「一回着用あたりの価格から考えると割安だ」とか、「家で洗えない素材だから、クリーニング代もかかると割高」など、耐久性や手入れの面まで踏まえて判断します。つまり、つねに費用対効果を考えてお金を使っています。

こういったお金とのつき合い方を飛び越して、キャッシュレスはムダ使いしそうだと敬遠するのは、もったいないかぎりです。

また、キャッシュレスは、買ったものが自動的に記録されます。それを見て、ムダな買い物がなかったかを振り返る「ひとり反省会」をすると、自然とムダ使いをなくすことにもつながっていきます。

現金のいちばん怖いリスクを知ってますか？

新卒で銀行に勤めた著者が忘れられないひと言があります。それは「現金その場限り」という言葉です。支店に配属された日、副支店長に「今日から銀行員として、これだけは頭に叩き込んでほしい」と前置きされたのです。

キャッシュレス決済が話題にのぼるようになって以来、この言葉を思いだす機会が増えました。

これは「現金の確認は、その場でしかおこなうことができない」「手元から離れてしまえば、それっきり」ということを意味しています。

たとえば、「100万円あります」といわれて、その場で確認せずにひとたび受け取ったら、あとで1万円足りないことが発覚しても、もはや何もいえません。はじめから足りなかったのかどうかの証拠がないからです。

また、カウンターで預かった現金からは、一瞬たりとも目を離してはいけないと徹底されました。

目を離したすきに盗まれて、目の前にいる人がどんなに怪しかろうと、確たる証拠もないのに犯人扱いはできません。お金には名札がついておらず、見分けがつかないからです。

現金の欠点は、まさにこの点にあります。いったん手元から離してしまったり、うっかり落としたり、燃えてしまったりすればそれまでなのです。

しかし、キャッシュレスならこうした現金の欠点をカバーすることができます。その場で確認しなくとも、いくらの金額が取引されたかが、はっきり数字で残ります。

カードやスマホを落とした場合も、連絡してすぐに支払い機能をストップしてもらい、それ以上悪用されるのを防ぐことができます。損害分を回復できることさえあります。

現金とキャッシュレスは、互いのメリット・デメリットを補《おぎな》い合う関係にあります。現金なら安心と単純に断じてしまうのは、もったいない話です。

キャッシュレス生活をすでに実践している

キャッシュレスはちょっと怖いとためらっている人でも、じつはすでにキャッシュレス生活に足を踏み入れていたりします。

交通系電子系マネーである「Suica」や「PASMO」をタッチして改札を通る、高速道路の料金ゲートをETCを使って通り抜ける。これらもキャッシュレス決済のひとつです。

ETCが普及し始めたころは、まだ多くの車が有人料金所に並んでいたものでした。このころ、政府の施策《せさく》でETC車に大幅な料金の割引があったことを覚えている人もいるかもしれません。こうした施策が功《こう》を奏《そう》したのか、いまや有人料金所に向かう車のほうが少なくなっています。

いまや料金所で料金を支払っていた時代に戻れるでしょうか？　また、電車に乗るたび、きっぷを買う気になれるでしょうか？

キャッシュレスは、これらETCや電車の改札と同じような社会のドラスティックな技術革新といえるのではないでしょうか。

政府はキャッシュレス決済を推進する考えです。２０２５年までにキャッシュレス決済比率を40％へ、将来的には80％まで目指すとのこと。

２０１６年時点の決済比率は、まだ約20％（キャッシュレス推進協議会「キャッシュレス・ロードマップ・２０１９」より）にすぎません。したがって、いずれは誰もがキャッシュレスと無縁ではいられないかもしれません。そうであるなら、早めにスタートを切っておくのもよいのではないでしょうか。

㊢キャンペーン競演のいまこそ大チャンス

キャッシュレスが気になっていながらも、「本当に大丈夫なのか？」「よくわからないし面倒」といった理由で、まだ踏み込めない人もいるかもしれません。

しかし、新しいシステムを普及させたい〝初動期〟は、じつはもっともおトクな時期であることが多いのです。先のＥＴＣでもそうでした。

キャッシュレスでも、たとえば、連日ニュースで報道された「PayPay」の「第1弾100億円キャンペーン」は、利用金額の20%を最大で5万円まで還元、さらに、くじに当たると全額還元という大盤振る舞いの内容でした。

著者のまわりでも、このときとばかりに大型家電を購入し、全額還元された人もちらほら見かけました。

その後、還元率こそ抑えられたものの第2弾キャンペーンが展開されるなど、ほかのQRコード決済や電子マネー事業者も競うように次々とキャンペーンを繰りだしているのが現状です。

これらはすべて、まずはスマホに自社のQRコードアプリをインストールしたり、電子マネーを購入したりして、実際に使ってほしいがためです。最初は心理的ハードルが高いことを事業者側もよくわかっているのです。

ひるがえって、すっかり普及したあとは、もはやここまでのキャンペーンをおこなう必要はないはずです。そうであれば、この最初の波に乗ってしまうのが、いちばんトクするということになります。

最初の波に乗れない人は、何事にも慎重なタイプかもしれません。

怪《あや》しげな場所は他の人が入ってみて大丈夫そうだという情報を得て、はじめて足を踏み入れる。安心ではあっても、トクしにくい行動ではあります。あとから入ったときには、すでに果実は採《と》りつくされたあとかもしれないからです。あるいは、楽しい祭りはすでに終わったあとかもしれません。

石橋を叩《たた》いて慎重《しんちょう》に渡ったばかりに、トクする時期はすぎ去ってしまったということがないようにしたいものです。

2

キャッシュレス、いつどこで？

支払い方を変えると「メリット」がいっぱい！

交通系電子マネーの便利な機能を知っておく

「キャッシュレスなんていわれても、よくわからない」

そう口にする人であっても、駅の改札で交通系電子マネーを使っているという人はすくなくないはずです。PASMOやSuicaは首都圏で使える交通系電子マネーで、これらもキャッシュレスの1つです。

改札でピッとタッチするだけですから、急いでいても、料金を確認してきっぷを買うというステップを省《はぶ》くことができます。きっぷ売り場でまごついて電車に乗り遅れたといったこととは無縁です。

全国の交通系電子マネーには、おもに左のようなものがあります。

〈JR系〉

・JR東日本……Suica
・JR北海道……Kitaca
・JR東海……TOICA

・JR西日本……ICOCA
・JR九州……SUGOCA

〈私鉄・地下鉄などで使える各地域のメジャー交通系〉

・首都圏……………PASMO
・名古屋交通開発機構……manaca
・スルッとKANSAI……PiTaPa
・福岡市交通局……………はやかけん
・九州……………………nimoca

ここにあげたような交通系電子マネーは、以前は使える範囲がほぼその地域に限られていました。ところが、いまは相互利用が可能なケースが広がっています。たとえば、Suicaでそのまま関西圏の改札を通り抜けることができます(PiTaPaのみ、他の交通系ICカードと扱いが異なりますので注意が必要です。また、一部相互利用に除外路線等があります)。

また、互換性は改札を通るときだけではありません。売店やコンビニなど交通系電子マネーが使えるほぼすべての場面で相互利用ができます(例外あり)。

筆者はレジで支払うときに、どのキャッシュレス決済が使えるかを確認するのが、もはや習慣になっています。年々、使えるキャッシュレスは増えているものの、使える範囲がひろい交通系は最強です。SuicaやPASMOを1枚もっていれば、普段の生活でも旅先でも多くのシーンをカバーしてくれます。

ただ、交通系電子マネーといっても、それぞれ機能がすこし違う場合もあります。

たとえば、すべてがSuicaのようにオートチャージできるとは限りません。オートチャージとは、一定金額を下回れば、クレジットカードなどから決まった金額が自動的にチャージされるしくみです。これが利用できると、チャージ額が足りずに改札で止められる心配がなくなります。

また、チャージの方法が、現金と特定のクレジットカードに限られるものもあります。まずは、みなさんの地域の交通系電子マネーの機能をチェックしてみてください。

そして、こうした交通系電子マネーをすでに持っているなら、キャッシュレス生活の第一歩をこれで踏みだしてみるのもひとつです。

JR東日本「Suica」のうれしい威力とは

いまや全国で使えるJR東日本の「Suica」。このSuicaにできることやメリットにはどんなものがあるのでしょう。

まず、Suicaに通勤・通学の定期券を入れ込んでおくことができます。定期券とSuicaを2枚もつ必要はありません。

そして、Suicaの威力をとくに感じるのは、JR東日本の在来線グリーン車を利用するときです。

JR東日本では、東海道線や宇都宮線など特急ではない在来線普通列車でもグリーン車が設定されています。ラッシュ時でもゆっくり座れ、コーヒーを片手に仕事や読書をしながら移動できます。また、東京から湯河原や熱海方面などへの旅行で、時間をかけても安くいきたいというときにも使えます。

ただ、特急や新幹線のグリーン車と違って、自由席のみで指定席はありません。しかも、乗車前にあらかじめグリーン券を購入せず車内で求めると、料金が最大260円もアップしてしまいます。

このグリーン券をホームの券売機で購入できるのは、Suicaを持っている人だけです。さらに、スマホで使える「モバイルSuica」を持っていれば、ホームで券売機を探すことなくスマホの操作のみで購入できてしまいます。

ただし、気をつけるべきは、事前に安い料金で買ったものの満席で、それでもグリーン車内に留まる場合は、払い戻しは受けられない点です。

そこで「モバイルSuica」が活躍します。スマホを操作しながら、入ってきたグリーン車両の空き具合を車窓から素早く確認します。それから購入ボタンを押せば、「席が空いていないリスク」を回避できます。

このSuicaへチャージするには、つぎの3通りがあります。

(1) 現金

(2) クレジットカード(「ビューカード」および「提携カード」のみ)

(3) JREポイント

現金チャージは、自動券売機やのりこし精算機、もしくはレジにSuica表示のある主要コンビニでもおこなえます。チャージの金額は500~2万円です。

また、Suicaと親和性《しんわせい》が高いJR東日本グループの「ビューカード」からチャージすると、JREポイントが貯まります。チャージ1000円につき15ポイントがつきますから、還元率は1・5%。買い物などの支払いでは、1000円（税込み）につき5ポイントが貯まるため、こちらの還元率は0・5%。チャージ＋支払いの合わせワザで、還元率が合計2%になります。

新幹線も飛行機もキャッシュレスに限る

夏休みシーズンや年末年始が近づくと、主要駅の新幹線のきっぷ売り場で長蛇《ちょうだ》の列を目にします。

しかし、キャッシュレスであれば、こうした列に並ぶ必要はありません。モバイルSuicaやエクスプレス予約（EX予約）などのサービスを使って、通勤途中の電車内や部屋にいながらにして予約ができます。しかも、通常より料金はおトク。クレジットカードを使うことでポイントも貯まります。

そのほか、おトクなきっぷを手に入れられることがあります。ＪＲ東日本のサイト「えきねっと」で前もって予約すると、大幅な割引料金で指定席を購入することができます。「トクだ値10・15」「お先にトクだ値」といった商品がそうです。

たとえば、新幹線で東京〜長野を移動するとします。本来の料金は８２００円（通常期）のところ、「トクだ値15」で15％引きになると６９７０円。「お先にトクだ値」で35％引きになれば５３３０円ですみます。

「お先にトクだ値」は、乗車13日前の午前1時40分までの申し込みで適用されます。ただ、座席数限定ですから、早いもの順です。

ＪＲ東海は「エクスプレス予約（ＥＸ予約）」の会員になっておくと、割引料金で東海道・山陽新幹線に乗れ、予約から決済までキャッシュレスでおこなえます。

たとえば、東京〜新大阪間は、本来1万４４５０円（通常期・のぞみ利用）のところ、21日前の申し込みで利用できる「ＥＸ早特21」ならば1万１０００

円です。3450円もおトクになります。早特ではない直前予約でも、1万3370円です。

そのほか、3日前の予約かつ2名以上・土休日なら「EXのぞみファミリー早特」が使え、ひとりあたり1万2340円となります（価格はすべて2019年8月時点の通常期のもの）。

現金で、しかも並んで新幹線のきっぷを買っても、さしたるトクはありません。いまやチケットショップで新幹線のきっぷを買ったとしても、割引額はわずかです。そのうえ「買いにいく」「並ぶ」という時間のムダまで余儀なくされてしまいます。

いっぽう、先ほど紹介したEX予約であれば、座席の予約や支払いはもちろん、乗車する列車の変更もスマホ上でおこなえてしまえます。「帰りの新幹線を1本遅らせたい」というときも、簡単に予約変更ができます。

ただし、このEX予約には年会費1080円（税込み）がかかりますが、割引額を考えると、すぐにモトがとれるでしょう。

また、新幹線の予約開始は乗車日の1か月前です。しかし、えきねっとやEX予約なら、通常予約開始日の1週間前から予約を受けつけてもらえますから、希望の列車を予約できる確率がぐっと上がることも期待できます。

もちろん、こうした予約でクレジットカードを使えばポイントも貯まります。メリットがありすぎて、もはやEX予約を使わない理由など考えられないほどです。

飛行機も同じようにキャッシュレス化が進んでいます。

JALやANAでもWebで予約し、Webチェックインをすませれば、スマホがそのまま航空チケット代わりになります。スマホに表示させたバーコードを入り口で読み取ると、搭乗口まで通れ、時短になります。

また、それぞれネット上で早期予約することで、おトクな料金が利用できます。JALは「先得」「ウルトラ先得」、ANAは「ANA SUPER VALUE」などがそうです。

電車→飛行機→バスの移動を一括で払う「MaaS」とは

今後、交通とキャッシュレスでその動向をおさえていきたいのが、「MaaS(Mobility as a Service)」――「マース」です。これは電車やバス、飛行機、タクシーなどあらゆる交通手段による移動を1つのサービスとしてつなぐ、新しい概念です。

現在のように各交通手段や事業者ごとにルート検索や運賃決済をおこなうのではなく、一括して予約や利用、支払いがおこなえるよう検討がすすめられています。この概念は、海外でも発達しつつあります。

現在のところ日本のMaaSの先陣をきるのは、高速バスで知られるWILLER株式会社。2019年8月から、観光MaaSアプリケーションである「WILLERSアプリ」のサービスをスタートさせています。

サービスは「ひがし北海道」「京都丹後鉄道沿線」の両エリアでスタート。今後、一定額で乗り放題となる定額制も登場するそうです。

これまでの交通サービスと「MaaS」の違い

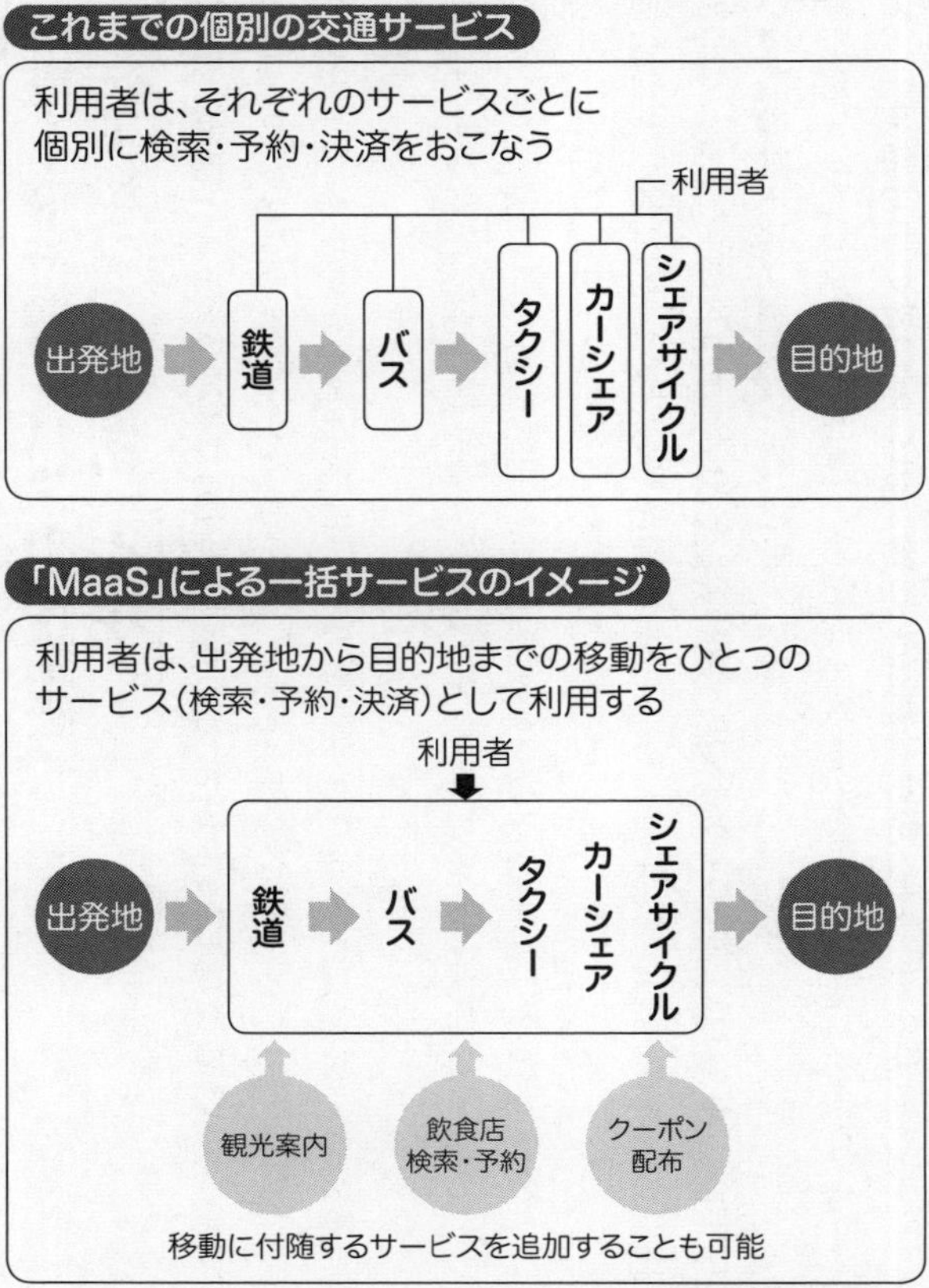

＊国土交通省HPの発表資料をもとに作成

「WILLERSアプリ」は、これまで行きにくかった目的地でも、さまざまな移動手段を組み合わせて提案してくれ、旅程の作成、各予約、決済をおこなえるとのこと。

WILLERは先行してベトナムでMaaSを実施。2019年6月からタクシー配車アプリサービスを開始し、都市間バスを8月から運行。10月にはタクシーとバスをつないで、ひとつのアプリで検索・予約・決済を可能にするそうです。

同社は日本でも2020年までに全国展開することを目標にしています。こうしたキャッシュレスだからこそ実現するMaaSによって、さらに移動が便利になることが待たれます。

高速道路のETCはここまで進化している

車に乗る人でETCを使ったことがない人は、少数派かもしれません。2001年にスタートしたETCも、2019年3月時点で、その利用率は91・8

％、1日に806万台が利用するほど普及しました。

ETCカードは基本的にクレジットカードから発行されます。クレジットカードを持たない人には「ETCパーソナルカード」がありますが、最低2万円のデポジットが必要になります。

ETCのメリットは、高速道路の料金ゲートをノンストップで通れるだけではありません。地方部では休日割引や深夜割引によって、料金が30％引きになります。ETCマイレージサービスに登録すれば、貯まったマイレージに応じて高速料金が無料になります。

また、宿泊と組み合わせて高速料金が約半分になる「ドライブパック」や、一定地域内の高速が乗り放題になる「フリーパス」など、ETCユーザーだけが利用できるプランも魅力です。

さらにETCに紐づくクレジットカードを、ポイントやキャッシュバックの還元率がよいものにすれば、おトク感が増します。

なお、ETCも進化しています。2016年には「ETC2.0」が登場。これは高速道路と車の双方向通信ができるETCで、渋滞の迂回《うかい》ルートを教えてくれるなどの運転支援を受けられるメリットがあります。

そのほか、道の駅（現在は20か所限定）へ寄るために高速からいったん降りても、降りなかった場合と同じ料金で高速道路を継続利用できたり、圏央道割引が受けられたりするのはETC2・0だけのサービスです。

こうした、サービスを利用するには、ETC2・0対応車載器・カーナビ、またはスマホが必要になります。これからETC車載器を買い替えるなら、2・0対応のものがいいでしょう。

ガソリンは現金特価か、ブランドカード払いか

ガソリンスタンドでは、そのスタンドのブランドカードを使えばガソリン料金が割引され、さらにカードの利用額に応じてポイントなどがつくものもあります。

たとえば、「コスモ・ザ・カード・オーパス」。新規入会時にコスモ石油のガ

ソリン50リットルまで、1リットル当たり10円がキャッシュバックされ、以後は会員価格となります（ただし、除外店舗あり）。そのうえ、ガソリン料金にかぎらず、買いものなどの利用額に応じてポイントが貯まります。

「出光カードまいどプラス」は、出光のガソリンが1リットル当たり2円引きになります。こちらはガソリン購入分のポイントは貯まらず、ほかのショッピング時のみのポイント付与です。

いずれも年会費がずっと無料で、ＥＴＣカードも無料で発行してくれるため、両者での給油が多いならカードをつくっておいて損はないでしょう。

反対に、年会費が無料ではないブランドカードは、自分の年間給油量で受けられるメリットと年会費を比べ、十分に元が取れるかどうかを考えてからつくることをお勧めします。

また、「ENEOS」では現在、nanaco、楽天Ｅｄｙ、Suicaなど交通系電子マネー、QUICPay、iD、Apple Payなど、6種類の電子マネーが使用可能です。さらに、キーホルダー型で端末へのタッチだけで決済が完了する、「Enekey（旧スピードパス）」もあります。このEnekeyの利用でTポイントも付与されます。

なお、「エッソ」「モービル」「ゼネラル」は2019年7月までに、順次「ENEOS」に変わるとのこと。使える範囲がひろがりそうです。

同じ給油をするなら、カードや電子マネーでポイントや割引を受けながら給油したいものです。

ここで、ガソリンスタンドでよく見かける「現金特価」とどちらがトクなのか迷う人もいるかもしれません。どちらが有利かはケースバイケースです。現金特価とキャッシュレス利用を比較して、おトクなほうを選んでください。

ガソリンにかぎらず、現金で支払うと安くなるものは、代金回収のタイムラグや決済手数料がおもな理由です。

今後、キャッシュレスの普及にともないそれらが解消されていけば、現金特価はしだいに姿を消していくかもしれません。それまでは、現金がトクとみれば現金を選択するのも上手なキャッシュレス生活といえます。

ドライブスルーでもキャッシュレスは便利です。窓からの手渡しで小銭を落としたり、お札が風に飛ばされる心配もありません。また、自動車保険の保険料もクレジットカードなどで支払えば、車キャッシュレス生活は万全です。

タクシーが目的地に到着、面倒な支払いもなく降車

手をあげてタクシーを停めようとして、「しまった！ 1万円札しか持ってなかったかも……」などと、ドキッとした経験があるのではないでしょうか。まして やワンメーターなどのちょっとした距離なら、小銭を頭の中で数えたり。時間がないからタクシーを使ったというのに、目的地に着いてから「細かいのあったかな」と自分の財布をかきまわし、運転手さんもおつり探しをはじめて、時間がどんどん過ぎる。タクシーのこうした〝おつり問題〟はタクシー利用のときのネックでした。

ところが、こうした問題もキャッシュレス化で変わりつつあります。とはい

え、現在のところ、すべてのタクシーがキャッシュレスの対応には至っていません。そのためキャッシュレスで支払えるかどうかは、乗る前に確認する必要があります。使える支払い手段は、後部座席側の窓ガラスに貼ってあることが多いようです。

また、キャッシュレスといっても、クレジットカードしか使用できないタクシーも少なくありません。クレジットカードはサインや暗証番号を求められる場合もあるため、タクシーを降りるまでにかかる時間は結局、現金と大差ないかもしれません。

その点、電子マネーやデビットカードならピッとタッチするだけです。こうしたクレジットカード以外の手段が使えるタクシーも増えてきています。もっと便利に時短にもできます。スマホのアプリ上でタクシーを呼び、支払いまですませられるサービスもあります。

たとえば、東京を中心に展開する「S.RIDE（エスライド）」（みんなのタクシー株式会社）や「MoU」（株式会社ディー・エヌ・エー）、「UBER」が実施しています。海外のUBERと日本のUBERはちょっと異なり、日本ではほぼタクシー専用となっています。

なお、「JapanTaxi Wallet」はアプリ上でタクシーを呼べるのは同じですが、支払いは後部座席のタブレットに表示されたQRコードをアプリで読み込む方式です。

とはいえ、北海道・東京都・千葉県・埼玉県・神奈川県・石川県・富山県・京都府・大阪府・兵庫県・福岡県と、対応エリアがひろい点は魅力です。

税金をキャッシュレスで納めてトクする法

税金もキャッシュレスで支払えます。メリットはなんといっても現金を引き出して納付書を手に窓口やコンビニで支払う手間がないということ。さらに、支払い手段によってはポイントやマイル付与が期待できます。

現金を使わず税金を納めるには、大きく分けて、つぎの2つがあります。

(1) 電子申告・納税システム「e-Tax」などで口座から直接支払う方法

（2）クレジットカードを使って支払う方法

クレジットカードによる納税には、いくつかの方法があります。

税額1000万円未満の所得税など国税の納付が可能です。ただし、決済手数料がかかりますから、クレジットカードのポイントなど還元率と比較することが大切です。

(A)「国税クレジットカードお支払いサイト」

決済手数料は納税額が1万円までは76円（消費税別）、以後は1万円を超えるごとに76円（消費税別）を加算していきます。

たとえば、税額が10万円なら手数料は820円（消費税8％込み）、納税額に対して0・82％です。還元率が1％以上のカードであれば、手数料がかかっても、そのほうがトクになります。決済手数料は、「国税クレジットカードお支払いサイト」でシミュレーションすることもできます。

なお、クレジットカードで支払えるといっても、ボーナス払いはできませんので注意してください。

国税以外の自動車税や住民税、固定資産税、不動産取得税などが支払えます。固定資産税や不動産取得税は金額が大きくなりがちですから、ポイントが得られるメリットは魅力です。

(B)「Yahoo! 公金支払い」

ただし、税目と自治体によっては、「Yahoo! 公金支払い」で支払えないこともあります。必ず、事前に確認してください。

こちらも決済手数料がかかりますが、手数料率は自治体ごとに異なります。たとえば、東京都国分寺市なら、税額10万円に対して手数料は1026円。還元率が1%のカードも、うまみはありません。ところが、埼玉県さいたま市では788円です。まずはお住まいの自治体の場合を調べてみましょう（いずれも手数料は消費税8%込み）。

「Yahoo! 公金支払い」は、貯めたTポイントを税金の支払いに利用できる点も魅力です。利用するには、「Yahoo! JAPAN ID」でログインする必要があります。

(C)「モバイルレジ」

アプリを使って各種請求書のバーコードを読み取り、インターネットバンキングやクレジットカードで支払います。

利用の可否は自治体によって異なりますが、たとえば東京都なら自動車税や固定資産税が、東京都港区なら住民税や軽自動車税が支払えます。ただし、モバイルレジはスマホの機種によっても使えるかどうかが異なります。

ほかに、「F-REGI」などのシステムを使って、クレジットカードで支払えるようにしている自治体もあります。

ここまではクレジットカードを使った納税を中心に紹介してきました。かたや(1)の「e-Tax」は、預金口座から納税するもので金銭的なメリットはありません。しかし、納付書を持って金融機関の窓口に並ぶ手間は省けます。

ダイレクト納付という届け出をした預金口座から「振替」でおこなう方法と、インターネットバンキングによる電子納税の2通りがあります。

「nanaco」など電子マネーで納税してトクする

税金の納付はクレジットカードや電子納税だけではありません。そのほか、電子マネーなどでも支払えます。

よく知られているのが、電子マネー「nanaco」を使って固定資産税、自動車税などを納める方法です。ただし、nanacoで税金を支払うこと自体でポイントがつくのではなく、nanacoへクレジットカードでチャージする行為にポイントがつくのがメリットです。

そのほか、いくつか注意点があります。nanacoへのチャージには上限があります。nanaco番号ごとに1か月15回(1日では3回)、合計20万円まで、1回のチャージは5000〜3万円までです。

nanacoアプリの場合は、残高が5万1円以上となるクレジットチャージは不可です。そのため、税額によっては複数のnanacoを利用して支払う必要があります。

また、どのクレジットカードでもチャージができるわけではありません。さらに、チャージでポイントがつかないカードもあります。「リクルートカード」「Yahoo! カード」などがこれらをクリアします。

そのほかの電子マネーでは「WAON」を使い、コンビニの「ミニストップ」で支払う方法があります。こちらも支払いは1会計で5万円という縛《しば》りがあり、nanacoと同じくチャージにポイントがつくことのみがメリットです。

これら電子マネーの納税はひと手間かかりますが、クレジットカードのように手数料はかからないのが魅力です。「ただ税金を支払う行為」が少しでもメリットがあるものに変わるなら、ひと手間かける価値はあるのではないでしょうか。

電子マネー以外に、ＱＲコード決済の「LINE Pay」で納税できる自治体もあります。LINE Payが使える自治体の請求書には、その旨が記されており、LINE Payの「請求書払い」の機能を使って支払います。

ポイントはつかないため金銭的に有利というわけではありませんが、手数料はかからず、家にいながらいつでも支払えるのがメリットです。また、後述する家計簿アプリとLINE Payを自動連携させている場合は、支払いが自動的に記録されます。

国民年金、国民健康保険もキャッシュレスで払う

国民年金や国民健康保険といった社会保険も、キャッシュレスで支払えます。

国民年金保険料は、納付書で支払うほか「口座振替」と「クレジットカード」の2つの納付手段があります。

国民年金には、前もってまとめて支払うことにより割引が受けられる「前納」のシステムがあります。納付書で支払っても割引は適用されますが、口座振替にすることにより、さらに割引が大きくなります。

では、どれくらい保険料がおトクになるのでしょうか。

国民年金の1か月の保険料は、1万6410円（2019年の場合）、1年では19万6920円です。

これを口座振替で1年分まとめて前納すると19万2790円となり、割引額は4130円。さらに、2年まとめて前納すれば37万9640円と割引率が大きくなり、2年分の割引額は1万5760円です。ほぼ1か月分の保険料に相当する額が浮くわけです。

もっとも、これだけまとまったお金を用意するのは難しいこともあるでしょう。そんなときに覚えておいてほしいのが、口座振替の「早割」というしくみです。

本来、その月の保険料は翌月末に口座振替されます。それを1か月前倒しにして、その月の末日に口座振替をするだけで、1か月につき50円が割引されます。1年では600円の割引になります。

つぎに、クレジットカードを使って納付する場合です。

税金のようにクレジットカード手数料は取られないものの、割引率は納付書で前納したときと同じになってしまいます。2年前納の割引額は1万4520円ですから、口座振替より1240円ダウンします。

ただ、クレジットカードによるものの、ポイント等も期待できますから、割引率とカードの還元率を比べ、おトクなほうを選択しましょう。

国民健康保険は、税金のところでも紹介した「Yahoo! 公金支払い」で納付する方法があります。利用の可否、そして手数料額も自治体によります。また、電子マネーのnanacoやWAONでも支払えます。方法は税金と同じです。

ちなみに、自治体によっては、介護保険料や後期高齢者医療保険料をクレジットカードで支払えることがあります。一度、自分の自治体で使えるキャッシュレスの範囲を調べてみることをおすすめします。

義務があるものをただ支払うよりも、割引やポイントのメリットを受けながら支払えないかをつねに考えるのが、お金がふえる人の習慣です。

レストラン、居酒屋はおトクな特典がいろいろ

レストランやチェーン店、居酒屋などでの外食でも、いまやキャッシュレス

で支払いできるところが続々と増えてきています。

まとまった額の支払いになりがちなフレンチなどのレストランでは、従来からクレジットカードで支払っている人もすくなくないかもしれません。しかし、少額の場合はとくに電子マネーやQRコード決済が小銭を気にせず使えて便利です。

たとえば、電子マネーの楽天Ｅｄｙであれば、リンガーハット、バーミヤン、プロント、ガスト、ジョナサン、ロイヤルホストをはじめ、多数のファミリーレストランなどで使用できます。

現在のところ、とくにメリットを感じるのは、QRコード決済ではないでしょうか。期間限定ながら、競うようにおトクなキャンペーンが繰り広げられていることが多いからです。

たとえば、Origami Payでは、松屋やワタミグループ、ケンタッキーフライドチキン、DEAN&DELUCA、吉野家などが半額になるキャンペーンがありました。こうしたおトクなキャンペーン情報はQRコード決済のアプリをスマホに入れておけば随時《ずいじ》、配信されます。

また、グループで食事をし、それぞれが別会計で支払うときには手間取りがちです。しかし、電子マネーやQRコード決済はタッチするだけですから、スムーズに会計をすませることができます。

ちなみに、店舗独自のポイントと組み合わせることで、ポイントの二重取りも目指せます。

そのほか、予約も飲食店検索のポータルサイトからおこなうことで、ポータルサイトが提供するポイントも期待できます。

「ぐるなび」は貯めるポイントを、楽天スーパーポイント、dポイント、JALやANAのマイルなど10種類の中から選べるのが魅力です。「ホットペッパー」ではPontaポイントが、「一休レストラン」では一休ポイントが貯まります。

カフェのチェーン店ごとのおトクなポイント制とは

カフェのチェーン店のように細かい金額の支払いこそ、キャッシュレスの出番です。さらに、カフェごとのサービスと組み合わせると、いっそうおトク感が増します。

たとえば、ドトールの「ドトールバリューカード」。これはエクセルシオールカフェと共通の、チャージして使うタイプのカードです。

2000円以上チャージすると、チャージ金額の5%のポイントがつきます。ポイント付与率は年間の購入金額により、7%、10%と段階的にアップします。さらに、毎月1日に1000円以上チャージすれば、10ポイントがプラスされます。

支払い時には100円ごとに1ポイントがつきますから、チャージと支払いの両方でポイントを貯められます。貯まったポイントは、10ポイント＝10円単位で支払いに利用できます。

さらに、クレジットカードからチャージをすれば、クレジットカードのポイント、チャージのポイント、商品購入のポイントと三重にポイントをゲットできます。

タリーズなら、チャージ式プリペイドカードの「タリーズカード」があります。こちらはポイント制ではなく、ドリンク1杯につき10円引きです。クレジットカードでチャージをすれば、ポイントも割引も得られます。スターバックスは「スターバックスカード」で〝Star〟というポイントが貯まり、商品の交換などに使えます（Web登録が条件）。これもクレジットカードからのチャージも可能です。

それぞれにおトク感があって、どれも持ちたくなりますが、どのくらいの頻《ひん》度《ど》でそのカフェ・チェーンに足を運ぶのかを見極めるようにしたいものです。たまにしか行かないのであれば、それぞれの店舗で使える電子マネー決済のほうが便利です。

ただ、残念ながら現在のところカフェ・チェーンで必ずしも電子マネーが使えるとはかぎらず、使える決済手段はさまざまです。

たとえば、ドトールやエクセルシオールカフェでは、Suicaなどの交通系電子マネーが使えます。タリーズは店舗によるものの、交通系電子マネーのほか、楽天EdyやiD、QUICPay、クレジットカードにも対応しています。

キャッシュレス生活を満喫《まんきつ》するなら、自分の行動範囲でキャッシュレスを使える店舗を把握しておくと便利です。

商品のデリバリーでは品物を受け取るだけ

雨が降ったり、疲れていたりするときに便利なデリバリー。玄関先で商品を受け取り、代金を支払うのが一般的な姿でした。

ところが1万円札しかなくて、配達してくれた人もおつりが足りず双方困ってしまうこともあるでしょう。あるいは外出したくないからデリバリーを頼んだというのに、家に現金がないことに気づいて、結局はお金を引き出しに外出せざるを得なかったり。

しかし、キャッシュレスはこうした不都合のすべてを解決してしまいます。デリバリーの支払いをクレジットカードや電子マネーで受け入れてくれるところが、続々と増えてきています。

それどころか、「出前館」や「楽天デリバリー」のように、注文からネットでおこなえるデリバリーのポータルサイトもあります。

こうしたサイトで注文することによってポイントが貯まったり、反対に貯めたポイントを使えたりするメリットも加わります。出前館ではTポイントが、楽天デリバリーでは楽天ポイントが使えます。

そのほか「Uber Eats」では、デリバリー専門のお店だけでなく、さまざまな店舗からデリバリーしてくれますから、デリバリーポータルサイトとは違ったラインナップから、食べたいものを選べます。

さらに、Ｗｅｂやアプリでクレジットカードなどで支払いまですませておけるシステムなら、玄関先で長いやりとりをすることなく商品を受け取るだけですむのもメリットです。

コンビニでの頭がいいキャッシュレス術とは

普段からコンビニをよく利用するのであれば、キャッシュレスを使わない手はありません。なぜなら、コンビニこそ数多くの電子マネーやQRコード決済が使える、格好の場所だからです。

コンビニで多額の支払いをする人は、どちらかといえば少数派でしょう。いつも数百円くらいという人が多いはずです。この数百円にクレジットカードを使うのはためらわれます。

また、少額の買い物が多いコンビニでは小銭の発生率も高まります。そんなときこそ、電子マネーやQRコード決済が威力を発揮します。

しかも、これまでのところ、QRコード決済によるキャンペーンがおこなわれたり、割引クーポンが発行されたりすることも頻繁《ひんぱん》です。このことによるメリットは何もおトクな買い物ができることだけではありません。

QRコード決済などに慣れていないと、支払い時にちゃんと滞りなく支払い画面が出せるのかといったことで緊張するかもしれません。

その点、コンビニは各種キャッシュレスのキャンペーンで、キャッシュレスの来客数が多く、レジの店員さんが各種決済手段の扱いに慣《な》れていることが多いのです。ですから、「PayPayでお願いします」といって、「は？　ぺい？」

などと聞き返されることもすくないでしょう。キャッシュレス・デビューに最適な場所といえるのです。

では、コンビニでのキャッシュレスは何を使うべきか？　使えるキャッシュレスが数多いだけに、迷う人もいそうです。

基本は、もっとも多く立ち寄るコンビニ、あるいは自宅や通勤通学経路にあるコンビニで使えるキャッシュレスを選ぶのが第一です。なぜなら、多種類のキャッシュレスが使えるといっても、コンビニごとに使えるキャッシュレスにはすこし違いがあるためです。

たとえば、セブン-イレブンではWAONが使えない一方、nanacoはローソンやファミリーマートでは使えません。Origami Payは、ローソンやミニストップ、ポプラでのみ使えるといった具合です。いくらおトクでも、使うのに不便な場所にあるのでは意味がありません。

なお、使えるキャッシュレス決済の多さでは、ローソンが頭ひとつ抜けているといえるでしょう。

美容院、マッサージ店でのキャッシュレス支払い

ペースは人それぞれでも、美容院や理髪店は定期的に足を運んでいるのではないでしょうか。こういった定期的に出ていくお金こそキャッシュレスですこしでもトクしたいものです。

美容院でのパーマやカラーはまとまった金額になりがちですから、すでにクレジットカードで支払っているという人もいるかもしれません。

もし、いきつけのお店が電子マネーなども使えるようになっていれば、還元率の高いものに支払い手段を見直すのもひとつです。お店独自のポイントカードを発行していることもありますから、ポイントの二重取り、三重取りも期待できます。

なかには、ＱＲコード決済を導入しているところも出てきています。ＱＲコード決済が割引キャンペーンをおこなっている期間であれば、さらにおトクになります。

また、予約もサイトからできるところもあります。「ホットペッパービューティー」や「楽天ビューティー」といったサイトから美容院を予約すると、予約自体もポイントがつきます。

こうしたサイトを利用すれば、予約ポイント＋支払いポイントの両方が得られます。それだけでなく、電車の中や夜中でも予約ができるのは、慣れると本当に便利です。

ところで、マッサージ店でもキャッシュレス化が進んでいます。なんとキャッシュレスオンリーで、現金は不可という店もあるほどです。

足つぼマッサージで有名な東京の「Dr.Foot」もそのひとつで、「現金は使えませんが、大丈夫ですか」と来店時に確認されます。

現金が使えないかわりに同店では、クレジットカード、デビットカードをはじめ、nanaco、WAON、楽天Ｅｄｙ、QUICPay、LINE Payと、主要なキャッシュレスはひととおり使えるようになっています。

マッサージ店も、ホットペッパービューティーなどのサイトから予約できるところもあり、美容院と同じく予約ポイントも期待できます。

なお、あくまで私感ですが、マッサージ店でキャッシュレスが使えると、なんとなく安心感があります。

たとえば、個人経営のこぢんまりしたマッサージ店にはじめていく場合、うつ伏せで、しかもマッサージを受けてうたた寝していたりするため、そんなことはないだろうとは思いつつも、お財布が心配になることがあります。

その点、チャージ額以上の支払いができないタイプのキャッシュレスなら、そういった心配なしに、安心してマッサージに身体をゆだねることができるような気がします。

ネットショッピングの決済はクレジットカードだけでない

いまやあらゆるものがネットショッピングで手に入る時代です。楽天やAmazonのヘビーユーザーもいるかもしれません。ネットショッピングをよく使うなら、すでに代金をクレジットカードで支払っている人も多いでしょう。

しかし、ネットショッピングで利用できるキャッシュレス決済手段は、クレジットカードだけではなくなってきています。

たとえば、楽天Ｐａｙやｄ払いなど、クレジットカードでのチャージを組み合わせて、ポイントの二重取りができるもので支払えるところも出てきています。そうなると、クレジットカードだけで支払うのはもったいないとさえいえるでしょう。

いつも使っているネットショップに新しい支払い手段が増えていないか、一度チェックしてみることをおすすめします。

ところで、ネットショッピングの支払いに銀行振込や代金引換を使っている人もいることでしょう。ネットでクレジットカード番号を入力するのはセキュリティ上抵抗がある、あるいは、さまざまな事情でクレジットカードをつくれない、など理由はさまざまかもしれません。

しかし、銀行振込は口座によっては振込手数料がかかりますし、代金引換なら代金引換手数料がかかります。

こうした人にとっても決済手段の選択肢が増えてきたことは朗報《ろうほう》です。たとえば、楽天Ｐａｙにあらかじめチャージしておき、それ支払うことによってポイント還元やキャッシュバックといった恩恵を受けることが可能になります。

これなら必ずしもクレジットカードは必要ありませんし、たとえネット上で悪用されたとしてもチャージした金額以上の損害は被《こうむ》りません。ネットでクレジットカードを使うのは不安だった人も、安心して踏みだせるのではないでしょうか。

宅配便の送料はこのキャッシュレスで

宅配便送料を支払うときにも、キャッシュレスならポイントや割引が期待できます。そのうえ、集荷や着払いといった場面で、折あしく手持ち現金がなかったり1万円札しかなかったり、といったときにも便利です。

宅配便の「クロネコヤマト」では、宅配便の送料に電子マネーが使え、自宅まで集荷にきてもらったときにも使えます。現在のところ、使える電子マネーはnanaco、WAON、楽天Ｅｄｙ、Suicaなど交通系電子マネーとのこと。

さらに、独自の電子マネーを使った会員システム「クロネコメンバー割」もあります。「クロネコメンバー割」なら送料の10％が、「クロネコメンバー割ＢＩＧ」なら15％の割引が受けられます。

このクロネコメンバー割のチャージ金額は最低５０００円から１０００円単位。有効期限は最終利用日から５年間となっています。

気をつけたいのが、このクロネコメンバーのカードに付帯しているnanaco、楽天Ｅｄｙ、WAONの電子マネーです。これら付帯の各電子マネーのチャージや使える場所は、クロネコメンバー割のチャージ分とは別となっていますから使いわけが必要です。

佐川急便は「e-コレクト」という代金引換サービスでのみ、キャッシュレス決済が使えます。e-コレクトでは、クレジットカード、電子マネーの「QUICPay」、デビットカードの「J-debit」が使用可能です。

郵便局では「ゆうパックスマホ割」というサービスが登場しています。スマホ上でゆうパック料金のクレジットカード決済ができ、しかも料金が割引になります。割引は基本送料から180円引き、独自のポイントも貯まります。宛名の設定もアプリ内でおこなえるので、宛名ラベルの手書きも不要です。惜《お》しむらくは、荷物を出せる窓口が対応郵便局のみという点。今後、対応がひろがることに期待したいものです。

なお、郵便局の窓口では切手やはがきの購入、郵便料金の支払いは現在キャッシュレス対応ではありませんが、2020年2月から順次導入を予定しているそうです。

賃貸、持ち家の支払いをキャッシュレスにする

家計の中でいちばんといってもいいほど大きなウエイトを占めているものが、住まいにかかるお金です。すこしずつではありますが、家賃をクレジットカードで支払えるところも出てきています。

住まい探しのポータルサイト「SUUMO」や「LIFULL HOME'S」でも、「家

賃カード決済可」の条件を設定して物件を絞り込めます。ちなみに、SUUMOで東京都中野区の2万3190件の賃貸物件に的を絞ったところ、750物件がヒットしました。

また、検索条件は「初期費用カード決済可」でも絞り込めます。敷金、礼金、仲介手数料といった部屋を借りる際の初期費用は数十万など、まとまった金額になることもあります。そもそも、年間の家賃だけでも大きな金額になりますから、これらがカード払いできると、かなりのポイントが見込めます。

家賃に関しては、「イオンカード de 家賃」というサービスもあります。家賃の支払いでイオンカードにポイントが貯まり、連帯保証人も不要。現在、取り扱い不動産会社は全国に広がっていますが、東京はまだ1社のようです。

家賃が支払えるなら、「住宅ローンもクレジットカードで支払えるのでは?」と考えるかもしれません。

しかし、住宅ローンは基本的にそれ自体が借り入れとなるため、返済にクレジットカードを使うことは難しいのが現状です。

ただ、持ち家の人でマンションの場合、数は少ないものの、管理費や修繕積立金をクレジットカード払いにできることもあります。

たとえば、野村不動産グループのカスタマークラブ会員のみがつくれる「野村不動産グループカスタマークラブゴールドカード」は、管理費をこのクレジットカードで払えます。

もっとも、年会費が1万2700円＋消費税ですから、ほかにもカードの使いみちがあるかどうかを考えたうえで選択したほうがよさそうです。三越伊勢丹グループ提携のカードのため、三越伊勢丹グループでの買い物ではポイントが貯まります。

また、三井不動産グループのマンションには、「三井のすまい LOOP」というサービスがあります。ここで「三井のすまい LOOP 提携クレジットカード」をつくれば、管理費・修繕積立金、駐車場使用料の支払いをカードでおこなえます。こちらは年1回以上の利用で年会費が無料になるカードも選べます。

住まい関連では、火災保険や地震保険をクレジットカード払いできるところも増えています。さらに、前述の固定資産税もキャッシュレスにすることで、住まい関連まるごとキャッシュレスにできるようになってきています。

医療費の支払いでポイントを稼ぐ

病院へいかないですむなら、それがいちばんです。しかし、受診せざるを得ない、そんな「望まぬ支払い」なら、キャッシュレスで少しでもトクしたいところです。現在、キャッシュレスが使える病院なども増えてきています。

また、急に体調が悪くなったのにもかかわらず、休日で現金の持ち合わせがないからと病院にかかるのを躊躇《ちゅうちょ》すれば、それこそ命とりにもなりかねません。そんなときでもキャッシュレスで支払えるなら安心です。

ところで、日本の公的医療制度では、ひと月の医療費が高額になった場合でも一定の自己負担のみですむ「高額療養費」制度があります。キャッシュレスで支払ったとしても、もちろんこの高額療養費制度は使えます。

ただ、「限度額適用認定証」を利用するときは、ポイントなどの付与を考えると注意が必要です。

基本的に、高額療養費はいったん窓口で医療費を支払い、一定の額を超えた分があとから払い戻されるしくみです。しかし、あらかじめ「限度額適用認定証」を手に入れて病院の窓口で提示すれば、自己負担分のみの窓口支払ですみます。この場合、キャッシュレスによるポイント等は、この自己負担分だけにしかつきません。

ところが、あえて限度額適用認定証を使わずに医療費を全額キャッシュレスで支払っておき、あとで高額療養費を申請すれば、ポイントは医療費全額につきます。高額療養費の還付を受けても、クレジットカードのポイントを返せとはいわれません。もっとも、これは高額な医療費を全額立て替える余裕があることが前提です。

また、調剤薬局でもクレジットカードや電子マネーを使えるところが増えていますから、薬代でもポイント等の恩恵が受けられます。

そのほか、人間ドックなどの予防医療でもキャッシュレスが使えるところもあります。人間ドック検索のポータルサイトで予約をすると、さらなるメリットも。たとえば、「ここカラダ」なら、予約でPontaポイントが受け取れます。さらに検診料をキャッシュレスで支払うことで、ポイントも受け取れます。

電気・水道料金・受信料でトクする知恵とは

電気や水道をはじめとする公共料金はほとんどがクレジットカードで支払えますから、カードのポイント還元等が期待できます。

しかし、公共料金に関しては、キャッシュレスのほうが必ずしもおトクになるとはかぎりません。というのも、口座振替で支払うことによって割引が受けられるものが多いからです。

たとえば、東京電力は口座振替にすると、1か月54円（税込み）が割引になります（ただし、料金プランによる）。この割引は電気料金がいくらであっても定額ですから、クレジットカードとどちらがトクかは、支払う金額によります。

1か月の電気料金が5000円であれば、1・1％の割引率。クレジットカードの還元率がこれを超えないなら、口座振替のほうがトクになります。

現在、既存の大手電力会社は、同じ割引額を採用しています。また、東京ガス、東京都の上下水道料金も同じ割引額です。いずれがトクかは、自分の利用額とカードの還元率とを比べて判断しましょう。

余談ですが、とくに電気料金は支払い手段より、料金プランによっておトク度が変わってくることがあります。料金プランもあわせて見直すことをおすすめします。

なお、上下水道料金は、自治体によって「Yahoo! 公金払い」を通じてのクレジットカード払いも可能です。

東京都の上下水道料金は、2019年7月から「LINE Pay」と「PayB」が使えるようになりました。請求書のバーコードをこれらで読み取って支払う形式です。ただ、こちらも口座振替のような割引の適用はありません。

では、NHKの受信料はどうでしょうか。

NHKの受信料は、口座振替もクレジットカード払いも同じ割引額ですから、クレジットカードに軍配が上がります。

また、NHKには前払い料金割引があります。たとえば、地上契約を含んだ衛星契約であれば、6か月前払いすることによって、2か月払いより650円割引になります。1年前払いなら2か月払いより1990円もおトクですから、クレジットカードで1年前払いするのがもっともトクになります。

なお「Yahoo! 公金払い」では、NHK受信料を貯まったTポイントで支払えます。Tポイントを貯めている人は、ここで活用する手もありでしょう。

保険料は口座振替よりクレジットカード払いに

保険も、キャッシュレスが進んでいます。同じ保険料を払っていくのなら、ポイントやキャッシュバックを受けられたほうがおトクです。

ファイナンシャル・プランナーとして相談者の家計を拝見していると、保険料を口座振替で支払っている家庭もすくなくありません。

もし、口座振替で残高不足のために保険料が一定期間、引き落としできなければ、保険が失効してしまうこともあります。しかし、クレジットカードでその可能性をすくなくできます。クレジットカードで支払うメリットはポイントだけではないのです。

加入当時はクレジットカード払いが使えなかったために、そのまま口座振替を続けている人もいるようです。その場合は、支払い方法の変更を検討してみましょう。

保険会社によって違うものの、支払い方法を変えることはそれほど難しくありません。いまではクレジットカードなどのキャッシュレス支払いが可能な保険会社は多いため、問い合わせてみるといいでしょう。

また、複数の会社の保険に加入していると、引き落とし日がバラバラのこともあります。それらを1つのクレジットカードで支払えば、支払い日もまとめることができて便利です。

また、生命保険や医療保険だけでなく、自動車保険や火災保険、地震保険、海外旅行保険といった損害保険分野も、キャッシュレスで支払える会社が増えています。

ただ、保険料をクレジットカード払いにしてポイントがついたとしても、そもそもムダな保険に入って余分な保険料を払っているようでは本末転倒です。

この際、保障内容も見直しておくことをおすすめします。

キャッシュレスを利用して個人間でお金をやり取りする

「しまった、持ち合わせがない！」

「じゃあ、貸しておくよ」

こんなやり取り、多くの人が経験しているのではないでしょうか。たいていの場合、こんなとき借りるのは少額です。たとえば、コインロッカーや自動販売機など小銭しか使えないような場面で、小銭の持ち合わせがないということもあるでしょう。

ただ、借りたお金が少額だと、うっかり返すのを忘れてしまうことも。それが度重なれば「お金にルーズな人」と思われ、ひいては友情も壊れかねません。

キャッシュレス生活では、こういったことが起こる確率はぐっと低くなります。スマホに入れた電子マネーやＱＲコード決済を使って、その場で相手に支払うことも可能だからです。ただし、相手が同じキャッシュレス決済やアプリを持っていればという条件のもとではありますが。

相手がそれらの手段を備えていなければ、振込手数料無料の銀行口座アプリやインターネットバンキングで振り込む手もあります。

こうした個人間のお金のやり取りでキャッシュレスを使う場合、押さえておきたいポイントは以下の2つです。

(1)相手方がアプリ上で本人確認する必要があるかどうか。
(2)送金を受け取ったあと、そのアプリからお金を引き出せるかどうか。

(1)は、利用する自分も相手も銀行口座の登録や本人確認書類などで、アプリ側の本人確認がすんでいることを意味します。

これが必要なものには、たとえばLINE Payがあります。Kyashも登録は必要ですが、クレジットカードの登録でよいため、若干ハードルは下がります。

(2)は、そのキャッシュレスから出金できるかどうかは重要であるにもかかわらず、使い勝手がよくないものが多いのが現状です。

たとえば、LINE Payは送金の手数料こそ無料ですが、出金するときには216円（消費税8％込み）かかります。楽天Ｐａｙで「楽天キャッシュ」を使った個人間送金も、送金手数料はかかりませんが、出金は楽天銀行に口座を開設し、現在のところ、楽天プレミアム型に移行している場合のみ可能です。KyashやPayPayは、そもそも出金自体ができません。

これら2つのポイントをいずれもクリアしているのが、「Pring」です。とくに、〝出金の利便性〟でほかを圧倒している感があります。送金手数料が無料であるのはもちろん、送金を受けた側が出金する際も手数料は無料です。登録している銀行に戻して出金できるほか、セブン銀行のＡＴＭで現金として引き出すこともできます。また、お店で支払いに使うことも可能です。

いずれにしても、受け取った相手が困らないよう、相手に確認をしてから送金するようにしましょう。自分と同じ決済アプリを似たようなペースで使っている相手なら、お金のやりとりが格段に便利になり得ます。

個人間の送金に使えるキャッシュレス

キャッシュレス決済名	送金する「メニュー」と、送金・受取の方法
Kyash	**「送金・請求」**メニューから ① Kyashアプリを入れている人同士で送金 ② それ以外の人には、リンクを送ることで送金を受けることができる
PayPay	**「わりかん」**メニューから PayPayアプリを入れている人同士で送金
LINE Pay	**「送金」**メニューから LINEアプリを入れている人同士で送金
pring	**「お金をおくる」「お金をはらう」**メニューから pringアプリを入れている人同士で送金
楽天Pay（楽天キャッシュ）	**「送金」**メニューから ① 楽天アプリを入れている人同士で送金（リンクを送ることもできる） ② アプリを入れていない人は、web上で楽天キャッシュを受け取ることも可能

「ワリカンで払う」をスムーズにすませる法

飲み会や食事会でのワリカンは、ともすれば現金のやり取りに時間がかかりがちです。

先述した個人間送金ができるアプリで、細かい金額のやりとりもスムーズにできます。ワリカン額が1円単位で支払えるため、おつりで困ることもないでしょう。ただ、全員が同じ個人間送金アプリを入れている必要があります。

ただ、個人間送金のアプリの出金がしづらいデメリットも、ワリカンならクリアできる可能性があります。なぜなら、そのアプリでお店への支払いができさえすれば、出金できなくても問題は生じないからです。

したがって、ワリカンの場合は、「やり取りに使う決済手段が、そのお店で使えるかどうか」をまず確認することが大切です。その点、VISAとして支払えるKyash、JCBとして支払えるLINE Payカードなら、使えるお店の幅がひろがりそうです。また、PayPayを使える飲食店も増えています。

なお、お金を集める幹事自身がほかに使いみちがあるのなら、送金に使ったアプリの決済手段がお店で使えなくても問題ないでしょう。その場合は使っている人が多いアプリ優先で、送金手段を決めることもできます。

ちなみに、LINE Payにはワリカン機能があり、金額と人数で自動的に1人ずつの金額を計算してくれます。

そのほか、ワリカン目的に特化したアプリもあるにはありますが、いずれも使い勝手はあまりよくないようです。ワリカンアプリとして名を馳《は》せていた「Paymo」も、2019年5月末でサービスを停止しました。

キャッシュレス決済アプリに送金機能が搭載されているもののほうが、ワリカンには使い勝手がよさそうです。

参加費をキャッシュレスで集めるメリットとは

忘年会やパーティ、セミナーなどを開催したとき、幹事を悩ませるのが会費のおつり問題です。会費がたとえば3800円なら、200円のおつり希望者が発生します。4000円のようにキリのいい数字であっても、5000円や1万円を出して、おつりを求める人はいます。

キャッシュレスを使って会費を徴収《ちょうしゅう》すれば、おつり調達《ちょうたつ》に奔走《ほんそう》することもなくなります。それにはつぎの2つの方法があります。
(1)前もって支払いを受けておく方法
(2)その場でアプリなどで支払ってもらう方法
前もって支払いを受ける(1)の方法には、個人間送金アプリであらかじめ請求しておく方法があります。あるいは、イベントの告知や出欠確認、支払いまで一貫して行えるイベント専用サイトを利用するのも便利です。こうしたサイトには、「こくちーずプロ」「peatix」「everevo」などがあります。

これらは、決済の際は参加者の支払い額に対して5%程度の手数料がかかります。ただ、出席者の一覧も自動で作成できるため、幹事の負担が減らせます。
(2)のその場で支払ってもらう方法には、ここまでに紹介した個人間送金アプリが使えます。参加費を集めるだけで、その後にお店に支払う予定がないなら、出金しやすい「Pring」（92ページ参照）が使い勝手がいいでしょう。告知から開催までは何日か余裕があるでしょうから、事前にアプリを入れてほしいと頼んでおけば、スムーズに使えるのではないでしょうか。

なお、こうしたアプリやイベント専用サイトなどを使う際は、参加費などを集めたあと、そのお金を〝出す〟ときどうするか、どれくらい手数料がかかるのか、といった点はくれぐれも事前に確認するようにしましょう。

わが子のお金教育にはキャッシュレスを活用する

「子どもにキャッシュレスを使わせると金銭感覚がマヒして、お金を浪費《ろうひ》するタイプになってしまうのでは？」

そう不安に感じる人もいそうです。

もちろん、現金を使ってお金の概念を教えるのも有効ではあります。しかし、現金で支払ってさえいれば、金銭感覚が身につくとはかぎりません。

家計のご相談で、こんな声を聞くこともあるからです。

「塾にいく前にコンビニで食べ物や飲み物を買うお金を渡していますが、すぐに使いきってしまうんです。お腹がすくとかわいそうなので、いわれるままに2000円ずつ渡しています。そうすると、結局1か月にいくら子どもに渡したかわからなくなって……」

なぜ2000円ずつなのかというと、まだ小さい子に5000円や1万円を持たせるのは心配だからだそうです。

親でさえトータルでいくら使ったか把握していないものが、子どもにわかるはずはありません。これで金銭感覚を身につくかといっても、無理な話でしょう。まさに、こういう場面こそキャッシュレスが有効です。

たとえば、月の初めに電子マネーのカードへ月6000円などの決めた金額をチャージしておき、この範囲内で1か月間のやりくりをさせます。

支払いをするたびレシートに記されるチャージ残額を見れば、子どもはあといくら使えるかがわかります。スマホやネットで電子マネーの明細を確認し、どんな使い方をしているか親子で振り返ることもできます。

1か月など期間を区切って、その範囲でどう工夫すれば、自分のほしいものを買いつつ、お金を持たせることができるか。それを子どもにゲーム的に取り組ませたほうが、金銭感覚は養われます。

万一、落としたりなくしたりしても、電子マネーならリカバリーが可能です。

これから日本は、というよりも世界規模でキャッシュレス社会へ移行していくと予想されます。いまの子どもたちは、キャッシュレス社会にどっぷり漬《つ》かって生きていくわけです。

そうであれば、「金額」という数字だけでお金のことを把握《はあく》する感覚に慣れているほうが、子どもの将来にプラスに働くのではないでしょうか。いまからキャッシュレスでのお金管理に慣れさせておきたいものです。

高齢の親のマネー管理はキャッシュレスが便利

シニア世代はキャッシュレスから縁遠く見えるかもしれません。しかし、実際に使ってみると、こっちのほうが断然、便利という声がすくなくないのです。というのも、買い物での1円単位の小銭はシニアでなくても、わずらわしいものです。

高齢になるほどに財布から小銭を探すのに時間がかかる傾向があるようです。その点、キャッシュレスなら小銭のわずらわしさとは無縁です。レジで会計に手間取ることもなくなります。

また、プリペイド式の電子マネーなら、もし盗難に遭《あ》ったり落としたりしても、チャージした金額以上の損害はありません。そして、チャージした以上にお金を使いすぎることもありません。認知症ぎみでお金づかいが心配になってきた親に使ってもらうにも安心です。

ひと口にシニア世代といっても個人差は大きく、現金しか信用できないと思っている人もいれば、新しいものが好きで嬉々《きき》として電子マネーを使いこなす人もいます。

現金派の親でも、便利さとともに〝おトク度〟を強調すると、「使ってみようか」と思ってもらいやすいようです。

実際、大手スーパーでもシニア向けの電子マネーを発行して、専用の割引特典を設けています。

たとえば、イオンが発行するWAONには、55歳以上が対象の「G・G WAON」、65歳以上を対象とした「ゆうゆうWAON」があります。これらを持っていると、毎月15日はイオンのお店での買いものが5％の割引となります。

通常、G・G WAONとゆうゆうWAONは、現金でのチャージしかできません。しかし、「JMB G・G WAONカード」であれば、ＪＡＬカードからのクレジットカードチャージも利用でき、ＪＡＬのマイルが貯まります。旅行好きなシニアには魅力的ではないでしょうか。

イトーヨーカドーでは60歳以上が対象の「シニアnanaco」を用意しており、15日、25日はイトーヨーカドーの店舗で5％の割引が受けられます。

また、きっぷをいちいち買わなくてすむ交通系電子マネーも、シニアに評判がいいようです。

筆者の母も数年前から「ゆうゆうWAON」を持っていましたし、関西の交通系電子マネー「ICOCA」も当然のように使っていました。聞けば、同年代の友だちに便利だとすすめられたとのこと。もちろん、その便利さにいたく満足していました。

〝便利〟や〝おトク〟に対しては、シニアのほうこそ垣根が低いのではないかと思うほどです。

キャッシュレスに慣れてきた上級者のシニアなら、個人間送金アプリを使ってちょっとしたお金の立て替えや、銀行振込にしていたお金を無料でやりとりすることも便利です。

ちなみに、親のお金を自分が管理する立場になった場合も、キャッシュレスが有効です。5章で紹介する時短家計簿を使えば、お金の流れを把握しやすくなります。

また、親の成年後見人になったり、民事信託を使って受託者になったりしている場合には、収支報告書を作成する必要がありますが、その負担の軽減にも役立ちそうです。

自営業者の帳簿管理こそキャッシュレスの出番

自営業の人にとって「時間は宝」です。キャッシュレスによって、いまよりも時間を生みだすことができれば、その時間はそのまま稼働時間＝収入に直結します。もちろん休息にあてても、有効な時間がすごせるに違いありません。

ところで、自営業者がやってしまいがちな失敗は、「事業（仕事）のお金と家計のお金の境がわからなくなってしまう」ことです。

仕事と私用の交通費が混ざってよくわからなくなる。家計の現金が足らなくなって、事業用のお金からちょっと拝借することが度々ある。こうなると、管理が難しくなり、お金の貯まりにくい体質になってしまいます。

なぜ、両者が混ざってしまうのか。ひとたび財布に入れると、現金は区別することが難しいからです。

しかし、キャッシュレスなら決済手段やブランドごとに、目的をわけておくことが容易です。たとえば、仕事用の支払いは楽天Ｅｄｙで、プライベートな買い物はWAONでといった具合です。自営業である筆者も仕事の移動はSuicaで、プライベートでの移動はPASMOでと、交通系電子マネーを使いわけています。これにより経費である交通費の把握がずっと楽になります。

なお、事業を法人化している人なら、法人用のクレジットカードとの使いわけが便利です。金融機関によっては、法人用の銀行口座から引き落とせるデビットカードもつくることができます。

また、法人税をクレジットカードで支払う手もあります。カードにもよりますが、クレジットカード払いにすれば、法人税の支払いにもポイントやマイルが貯まります。ただ、クレジットカードで支払うには手数料もかかるため、どちらがトクかはよく見極めてください。

クレジットカードを持てない人でもキャッシュレス生活は可能

「クレジットカードがつくれないので、キャッシュレスができない」――。そう誤解している人もいます。しかし、むしろクレジットカードをつくれない人こそ、クレジットカード以外のキャッシュレス決済を使いこなすべきとさえいえます。

未成年である、フリーランスとして独立したばかり、年収がネックでカード審査を通らないなど、クレジットカードがつくれない理由はさまざまでしょう。

そういった場合は、これまでネットショッピングで、手数料を払って振り込みや代金引換などを使わざるを得なかったり、旅行で大きな現金を持ち歩かざるを得なかったりといった不便がありました。

そんな人には、電子マネーやQRコード決済がうってつけです。また、ゆうちょPayなど金融機関のQRコード決済も、口座と直結しているので使いやすそうです。

クレジットカードは「信用」をもとに、あとでまとめて支払うことが許されたもの。そのため、信用の根拠となる年収や、過去に遅滞《ちたい》を起こした事故情報などが重視されます。

ところが、電子マネーやQRコード決済は、基本的に預金口座にお金さえ入っていれば、もしくは現金を持っていれば使えます。それでいてポイントや割引などさまざまなキャッシュレス決済のメリットが享受できるのです。

ただ、クレジットカードからチャージして、ポイントを二重取り、三重取りする方法は使えません。しかし、VISAとして使えるKyashならセブン-イレブンのATMでも、ローソンなどコンビニのレジでもチャージできます。

また、口座振替でチャージしたとしても、決済時のキャッシュバックが受けられます。キャッシュレスのメリットは十分にあるのです。

またPayPayのように、「Yahoo! カード」以外のクレジットカードからチャージするくらいなら、銀行口座からチャージしたほうがキャンペーン時の還元率が大きいものもあります。クレジットカードが使えないからといって、がっかりする必要はありません。

3

キャッシュレスの使いわけ

あなたにピッタリの「選び方・始め方」はこれ！

どのキャッシュレスが便利？タイプ別その特徴とは

いまや多種多様なキャッシュレス決済手段があふれています。これだけあると「いったいどれを選べばいいのか教えて」と叫びたくなるかもしれません。

どれを使うべきかは、もちろん人それぞれですが、まずはその人の属性や条件で絞《しぼ》りがかけられます。

たとえば、スマホを持っていない人なら、当然のことながらQRコード決済は選択肢から外れ、カード型電子マネーやクレジットカードから選ぶことになります。

クレジットカードが使えない人であれば、電子マネーやQRコード決済が選択肢です。また、電車はめったに使わずクルマ中心の生活という場合は、交通系電子マネーは選択肢からはずれるでしょう。

あるいは、考え方で絞る手もあります。

とにかくシンプルに、できるだけお財布は持ちたくないタイプなら、スマホで使う電子マネーやQRコード決済から選択するのがよいでしょう。

〝時短〟を重視するのであれば、支払うたびにスマホで決済画面を取りだしてから読み取ってもらうQRコード決済より、タッチするワンアクションで支払いが完了する電子マネーがおすすめです。

また、何より使いすぎが心配な人は、チャージした金額までしか使えないプリペイド式の電子マネーやQRコード決済が向いています。もしくは、預金額以上には使えないデビットカードでもいいでしょう。

ただし、デビットカードは〝使いすぎない金額〟しか入っていない口座と連《れん》携《けい》させておかないと、使いすぎの心配から解放されないのはいうまでもありません。

かたや、おトクさを第一に考えたいタイプは、あらゆる決済手段が選択肢になります。ポイント等の還元率が高いものを優先的に選んでいきましょう。

このように「自分が何を重視するのか」、そしてもうひとつ「自分の行動範囲に合うもの」から出発するのが、ベストなキャッシュレス選びのコツです。

自分に合っているキャッシュレスは？

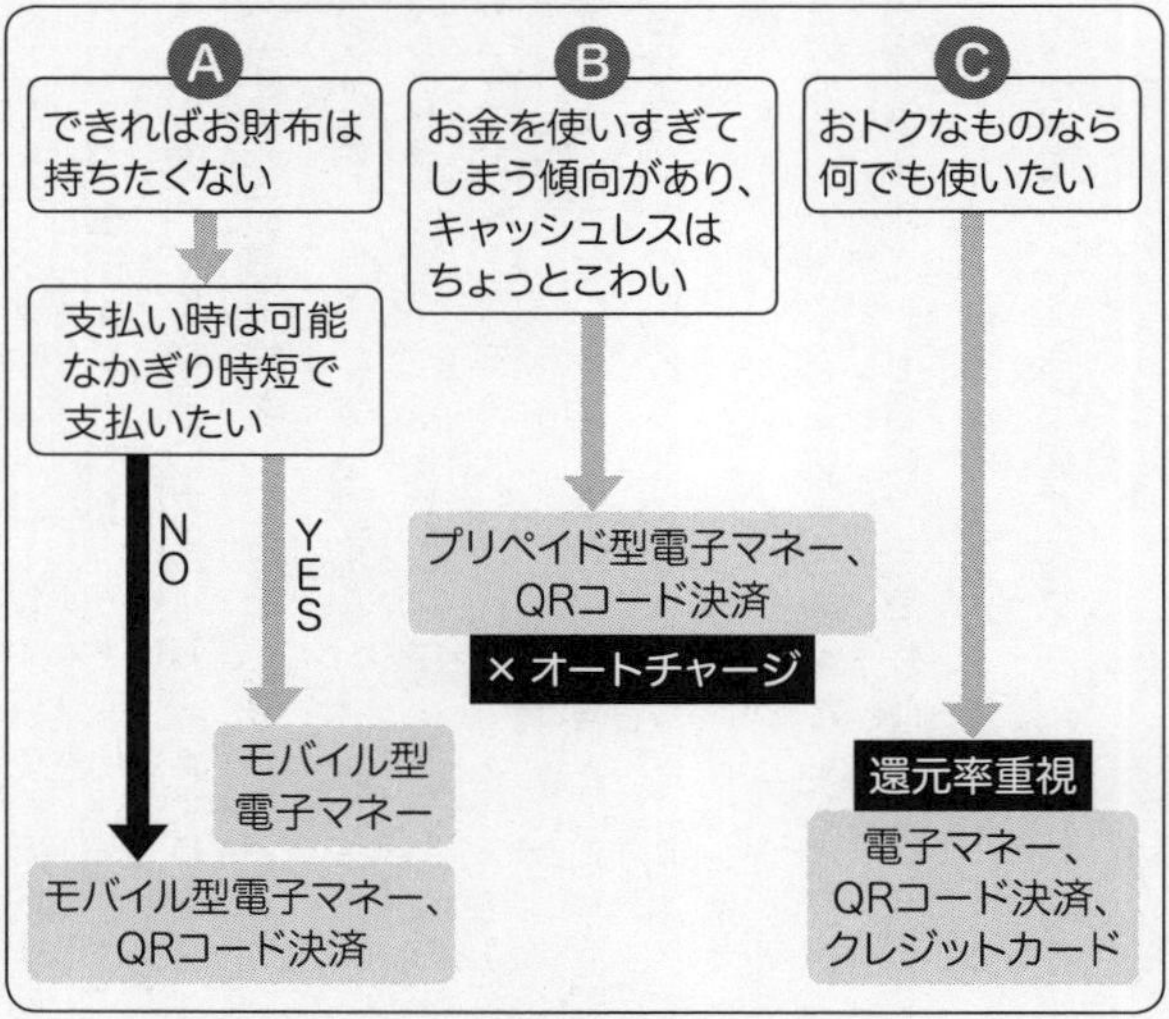

ケース別／キャッシュレスの選択法

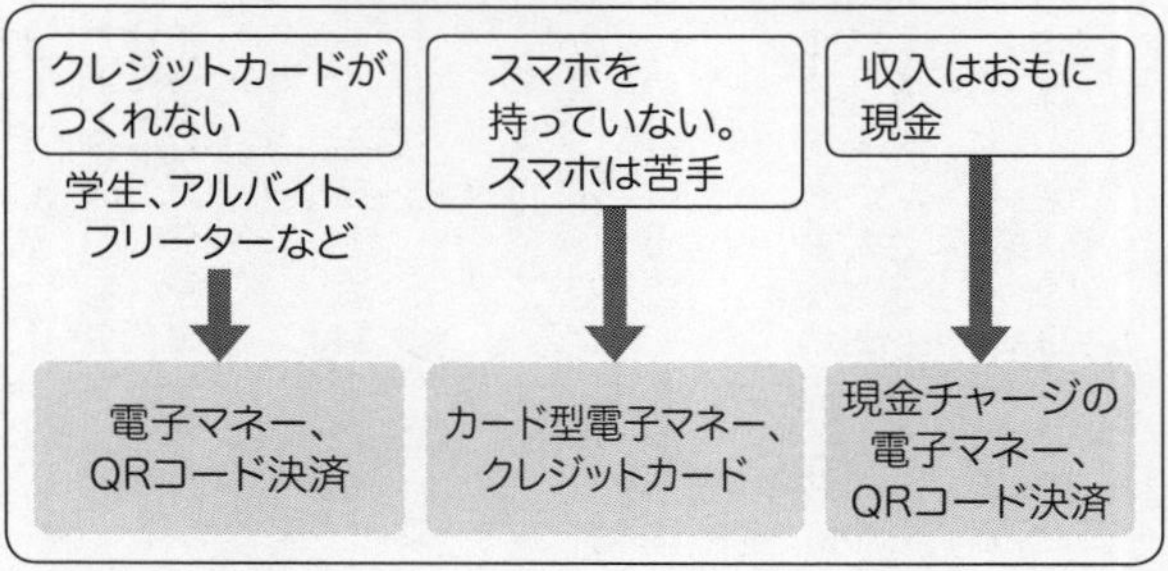

「とにかくトクしたい！」なら還元率＋組み合わせ

キャッシュレスを始める動機が「トクすること」なら、考えるポイントは2つです。

1つめは、とにかく還元率が高い支払い手段を使うこと。

還元率とは、支払った金額に対して、ポイントやキャッシュバック、マイルなどをどれくらい返してもらえるかの割合です。同じ金額を支払うなら、還元率が高いほうがトクすることはいうまでもありません。

2つめは、複数のキャッシュレス決済を組み合わせることです。

1つの支払いに対して、少なくとも2つの決済手段を連携させます。

たとえば、電子マネーで支払うけれど、その電子マネーの代金はクレジットカードで決済されるといったふうです。

こうして、ポイントの二重取り、三重取りを目指します。

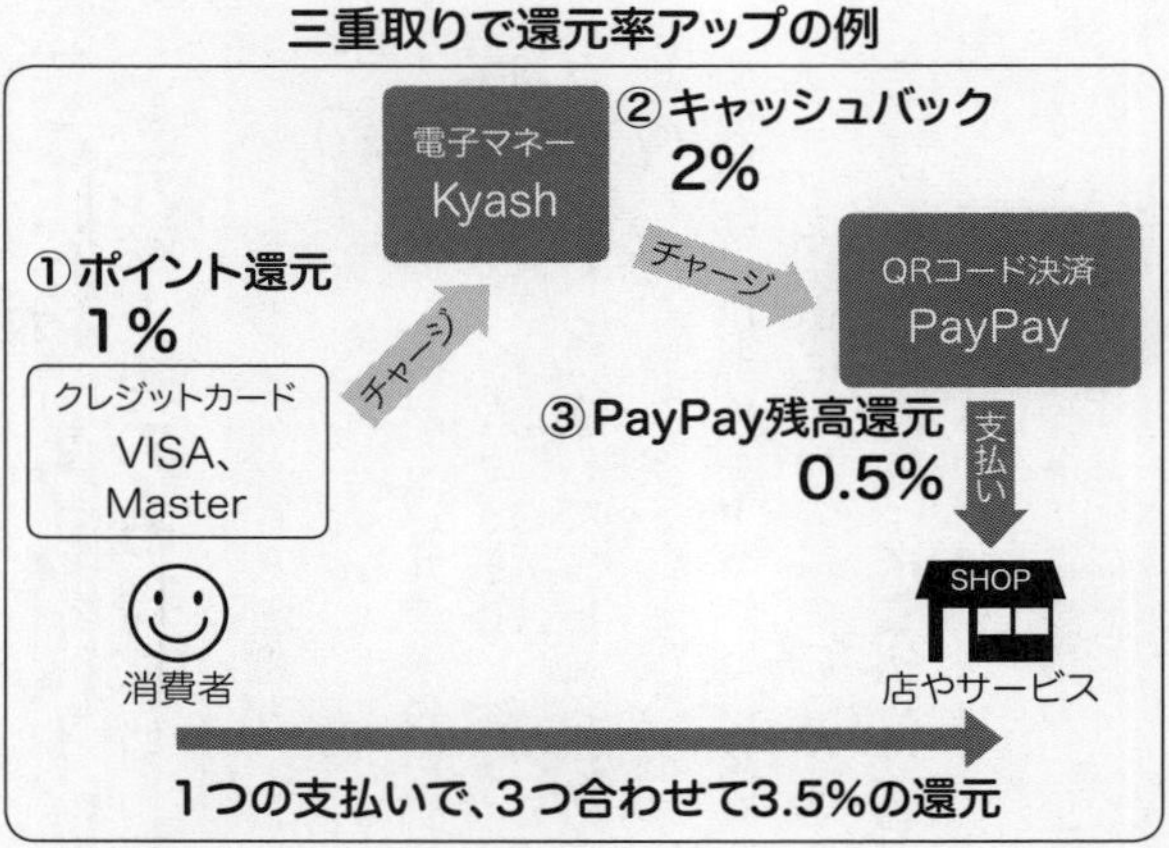

上の図で示したように、還元率が比較的高いことで知られるKyashやPayPayを組み合わせるパターンも考えられます。

チャージ元を少なくとも1%以上の還元率があるクレジットカードにすることで、図の例では合計3・5%の還元率を実現できます。

もちろん、これ以外の組み合わせもいろいろ考えられるでしょう。

還元率はキャンペーンやサービスの改変で、大幅に変わるケースもあります。そのときどきでおトクな組み合わせの最適解を考えていくのも楽しいものです。

「使いわけは面倒」な人は広範囲カバーのタイプを

「選択肢が多すぎて、もう考えられない」……。

そう思ったら、何はさておき「どれだけ広範囲で使えるか」だけを基準にしてみてください。あっちでもこっちでも使えないとなったら、せっかくのキャッシュレス生活が早々に頓挫《とんざ》してしまいます。

使わなくなるくらいなら、もっともおトクというわけではなくても使える場所が多く、キャッシュレスを続けやすいものを選んだほうが、おトクな状態が長続きするからです。〝使える範囲がひろい〟という視点では、目下のところ、交通系電子マネーに軍配が上がるでしょう。

交通系電子マネーについては、こんなニュースも流れてきました。2019年6月5日の発表によると、「楽天Pay」と「Suica」が連携し、楽天Payのアプリで Suicaのチャージや発行までも可能になるとのこと。もっとも、いますぐではなく、実施は2020年春の予定です。

ニュースリリースでは、現時点で全国の鉄道約５０００駅、約60万店舗が対象となっています。実現すればいまより広い範囲をカバーできますから、それを見込んで選ぶのもひとつの手です。

ちなみに、楽天ＰａｙアプリからSuicaへのチャージで貯まるのは、楽天スーパーポイントです。ＪＲＥポイントを貯めたい人にとっては、現行のSuicaが選択肢になるでしょう。また、定期券やSuicaグリーン券等の購入は、「モバイルSuica」アプリが必要になりますから、これらのニーズが高い人はモバイルSuicaからわざわざ変える必要はなさそうです。

なお、この連携は、当面は「おサイフケータイ」に対応したAndroid端末に限られるとのことですから、その点も注意が必要です。

「キャッシュバック」と「ポイント還元」どっちを重視する？

「おトク度」から見たキャッシュレス決済は、大きく2つにわけられます。

（1）キャッシュバックがあるタイプ
（2）ポイントやマイルが貯まるタイプ

いずれを重視すべきか迷ったら、性格で判断するのもひとつです。自分はけっしてマメな性格ではないと思うなら、迷わずキャッシュバックタイプを選んでおきましょう。

このタイプは、支払いをするたびに一定の還元率でキャッシュバックされます。支払いと実際にキャッシュバックされるまでにはタイムラグがあるものがほとんどですが、放っておいてもいずれ自動的に口座などに入ってきます。貯めてから使う必要がなく、したがってポイントでよくあるように、交換し忘れや使い忘れは起こり得ません。

ポイントの場合、さらに、（A）ポイントがお金と同じように、買い物などの支払いに使えるタイプ、（B）ポイントを電子マネーチャージや商品券、もしくはさまざまな品物などと交換するタイプがあります。

ポイントはともすると、うっかり期限切れという事態も考えられます。また、基本的にポイントは貯めてから使うことになります。したがって、管理するのが面倒なタイプには向かないのです。

そして、ポイントとのつき合い方でもっとも大切なのは、「ポイントを何に使うかの計画を立ててからキャッシュレス決済を選ぶ」ことです。

還元率は高い、ポイントもたくさん貯まった。しかし、いざ使おうとなったら、たいしてほしくもない商品ばかりだったということさえ起こり得ます。得られるポイントが何に使えるか、自分の場合はどう使うつもりなのかまで、最初にチェックしておくようにしましょう。

ところで、複数のキャッシュレス決済を使いこなしていると、あちこちでちょっとずつポイントが貯まっていくかもしれません。これを1つのポイントやマイルに変えられるものもあり、ムダを省けて便利です。

ただ、交換先のポイントやマイルによっては「交換率」が低い可能性があるため、あらかじめ確認が必要です。つねに、1ポイント対1ポイントの交換率ではないのです。また、交換は1000ポイント以上など、最低ポイント数が決められている場合もあります。「こんなはずではなかった」とならないよう、注意してください。

「クレジットカード」「デビットカード」「電子マネー」の使いわけ方

クレジットカード、デビットカード、電子マネー。これらをどう使いわけるべきか迷ってしまうかもしれません。使いわけるには、(1)「お金が出ていくタイミング」と、(2)「支払う金額」がポイントです。

お金が出ていくタイミングは、(A)「あとでまとめて請求される(後払い)」、(B)「先払い(プリペイド)」、(C)「即時払い」の3パターンです。

まず、即時払いには、デビットカードがあります。支払って口座からお金が出ていくまでにタイムラグがないため、口座残高の管理がしやすい利点があります。クレジットカードのように、あとからまとまった額の請求がきて支払いにあわてる事態は起こりません。

ただ、日々の少額の支払いに使いたい場合は要注意です。コンビニで使う数百円など細かい額の出金が口座明細にすべて記録されていくため、通帳の記帳欄はあっという間にいっぱいになります。

細かい金額をひんぱん使うことが多い人には、電子マネーやQRコード決済のほうが向いています。これらであればプリペイド、つまりあらかじめチャージして使うことによって、口座などの明細にはチャージ金額だけが記載されるからです。

あるいは、クレジットカードチャージなら、何回チャージしてもカードの明細1つにまとめられます。口座から引き落とされる回数をなるべく少なくしたい人は、このほうが向いているでしょう。

ざっくりいうと、少額の支払いは電子マネーやQRコード決済で、数千円から数万円のようにまとまった金額はクレジットカードで、という使いわけが合理的です。

少額の支払いでは、クレジットカードで支払うのがためらわれます。いっぽうで、電子マネーやQRコード決済は、チャージの上限額が決まっている場合がすくなくありません。たとえば、Suicaは2万円、楽天Edyなら5万円が上限です。ふだん、自分がどこでどのようなものにお金を使っているかを振り返り、自分に合った使いわけをしていきましょう。

クレジットカード・電子マネー・デビットカードの使い分け

後払い	後でまとめて支払う（口座から引き落とされる）ほうが、管理しやすい人に向くタイプ	➡	クレジットカード／電子マネー・QRコード（クレジットカード連携タイプ）
先払い	予算を決めて使いたい人に向くタイプ	➡	電子マネー・QRコード（チャージタイプ（手動チャージ））
即時支払い	後払いや先払いだと、結局いくら使って、残高がいくらかがわかりにくい、という人に向くタイプ	➡	デビットカード

「現金みたいに使いたい」ならデビットカードでの支払い

デビットカードで支払いをすると、銀行口座から即時にその金額が引き落とされますから、口座をお財布のように使えます。

クレジットカードのように後払いだと家計の管理がしにくい、あるいは事前にチャージする手間が面倒といったタイプにも向いています。

日本電子決済推進機構の「J-debit」というしくみでは、手持ちのキャッシュカードがそのままデビットカードとして利用できます。現在、J-debitが使える金融機関は、みずほ銀行、三菱ＵＦＪ銀行、三井住友銀行、りそな銀行や特定の地方銀行、信用金庫、農業協同組合、漁業協同組合などです。

自分のキャッシュカードが使えるかどうか知りたい場合、「J-debitナビ」ホームページの「使えるキャッシュカードを探す」(http://jdebit.jp/pc/bank/)で確認してみてください。

デビットカードは、デパートやスーパー、大型家電店、飲食店など、レジに

「J-debit」と表示があるお店で使えます。「支払いをJ-debit（ジェイデビット）で」と伝えてキャッシュカードを提示し、専用端末に暗証番号を入力すれば支払いは完了します。

また、お店のレジで現金が引き出せる「キャッシュアウト」も利用できます。ただ、一部のイオン（スーパー）など、まだ使える先は少ないのが現状です。

ところで、J-debitのほか、独自のデビットカードを展開している銀行もあります。なかには、銀行口座から直接支払えるだけでなく、支払った金額に応じてポイントがついたり、キャッシュバックがあるものも。

たとえば、ソニー銀行の「Sony Bank WALLET」は、国内での利用なら利用ステータスに応じて、0・5〜2％の還元率でキャッシュバックが受けられます。11通貨に対応しており、海外でも使えます。年会費は無料です。

楽天銀行のデビットカードは、100円ごとに楽天スーパーポイントが1ポイント貯まります。こちらも年会費は無料です。

住信SBIネット銀行のデビットカードも、利用額に応じてポイントが貯まります。同行のデビットカードのうち、年会費無料で発行できるカードでは、

VISAとMastercardが選べます。

ただ、両者のポイント還元率は異なり、VISAが0・6%、Mastercardが0・8%です。いずれもかざすだけで決済が完了する「コンタクトレス決済」機能が搭載されており、海外でも重宝します。

これ以外の金融機関でもデビットカードを発行していますが、年会費がかかるものもあります。その場合、年会費に見合うメリットがあるかどうかをよく検討してください。

このように、ATMから現金を引き出してから使う手間が省けるだけでなく、キャッシュバックやポイントがあることを考えれば、クレジットカードの後払いが嫌で使わなかった人にとっても断然メリットがあるはずです。

年会費無料のカードは「還元率」に惑わされない

最大限のおトクを目指すなら、とことん還元率にこだわりたいもの。クレジットカードを選ぶときも然《しか》りです。

しかし、目先の還元率だけに惑わされてはいけません。年会費まで考慮に入れたトータルで考える必要があるからです。

つまり、年会費を上回るポイントやキャッシュバックが得られなければ、あまり意味はありません。自分の支出額と使い道を考え、得られるであろうポイント等を予測してからカードをつくることをお勧めします。

もしくは、最初から「年会費無料のクレジットカード」を狙うことです。そうすれば、年会費コストを心配する必要はなくなります。

ただ、年会費無料のカードは特定の店舗と結びついていることが多いため、自分の消費行動に合わせて選ぶようにしましょう。年会費無料カードを発行しているお店をよく利用するなら、つくらない手はありません。

以下に、年会費無料のクレジットカードの一例を示しておきます。

・Yahoo! JAPANカード……ポイント還元率１％
・ゴールドポイントカード……ポイント還元率１％

・JCB CARD W（JCB）……ポイント還元率1％（ただし39歳以下のみ）
・ソフトバンクカード……ポイント還元率0・5％
・出光カードまいどプラス……ポイント還元率0・5％
・ファミマTカード……ポイント還元率0・5％
・JMBローソンPontaカードVISA……ポイント還元率2％または0・5％
・イオンカードセレクト……ポイント還元率0・5％
・エポスカード……ポイント還元率0・5％

また、年会費が完全に無料ではなくても、条件を満たせば無料になるカードもあります。条件をクリアできるなら、年会費無料と同視できます。
たとえば、「初年度年会費は無料、年5万円以上の利用で次年度の年会費無料」といった条件です。これは、セブンカード・プラス（nanaco一体型）…ポイント還元率0・5％のものです。

なお、デビットカード系はほとんどが年会費無料です。クレジットカードを持ちたくない人や、即時支払いを好む人はデビットカードを優先に考えてもいいでしょう。

「オートチャージ」と「手動チャージ」賢い使いわけとは?

チャージには、「オートチャージ」と「手動チャージ」の2通りがあります。オートチャージは残高が一定額を下回ると、自動的にチャージされる設定にしておくものです。いっぽう、手動チャージは自分で金額を指定して、その都度チャージ作業をおこないます。

手間を極力、省きたいならオートチャージがおすすめです。残高不足で改札でストップをかけられたり、買い物で支払えなかったりといった心配もなくなります。

しかし、使っても使ってもまたチャージされるため、どれくらい使ったか意識していないといくらでも使えてしまいます。あればあるだけ使ってしまうタイプには不向きです。

あらかじめ予算を決め、その範囲内でやりくりしたいときは、手動チャージのほうが適しています。

たとえば、スーパーでの買い物を1か月2万円に収めたいという場合、まず月初めに2万円をチャージします。その後は支払いをするたびにレシートやアプリで残高を確認し、買い物のペースを調整するのです。

どうしても予算に収まりそうにないときは、1回限定で5000円だけ追加チャージしてもよいと決めておいてもいいでしょう。

ここは、あくまでも1回のみです。際限なく追加チャージすれば、オートチャージとさして変わりません。

2章で述べたように、子どもにあらかじめ決まった金額をわたす、あるいは高齢の親がお金を使いすぎるのを防ぐといったケースも、手動チャージ一択となるでしょう。

目的や自分の性格に応じたチャージ方法を選んでください。

QRコード決済の人はこの準備を怠りなく

ＱＲコード決済には、いくつかのチャージ方法が選べるものがあります。たとえば、銀行口座や現金であらかじめチャージする、あるいはクレジットカードと連携させておいて支払うたびにクレジットカードから決済される、などです。

何が選べるかは、それぞれのＱＲコード決済によって異なります。たとえば、LINE Payやメルペイは、クレジットカードチャージができません。また、キャンペーン時のPayPayのように、銀行口座チャージとクレジットカードチャージ、さらにはクレジットカードの種類によっても還元率が違うケースもあります。

こうしたチャージ方法の選択に迷って、なかなかＱＲコード決済を使いはじめられない人もいるほどです。

そうはいっても、ＱＲコード決済を使うなら、チャージ方法の指定、銀行口座やクレジットカードの登録をあらかじめすませておかなければ使いたいときに使えません。

使う前にサッと登録すればいいと思う人もいるかもしれませんが、本人確認の手続きが必要で、しかも、いくつかの認証ステップにわかれているなど少々煩雑《はんざつ》なものもあります。

一般にクレジットカード登録は比較的すぐにできます。しかし、銀行口座登録はネットバンキング契約をしていなければできなかったり、認証ステップが複数にわかれていたり、手間と時間がかかることが少なくないようです。

余談ですが、QRコード決済では、こうした本人確認や登録の段階で挫折してしまった人も散見されます。また、生年月日や電話番号、住所に至るまで洗いざらい個人情報を入力することに不安を覚え、途中で手続きをやめてしまった人もいました。

こうした煩雑さはセキュリティ面を考えての措置《そち》ですが、不正利用を防ぎつつ、最初のハードルを下げるのは簡単ではないようです。

効率的なキャッシュレス生活をスタートさせる下準備

「そんなにおトクなら、さっそくキャッシュレス生活を始めたい」

そう思ったら、すぐにでも行動を起こすことをおすすめします。なぜなら、思い立ってすぐに使えるキャッシュレスばかりではないからです。カードをつくるにも数日かかることもあります。

しかし、その一歩を踏みだす前に、必ずしておきたい準備があります。

それは、自分のお金の使い方の「現状把握」です。これなくしては、最適なキャッシュレス手段を選ぶのが難しくなるからです。どんなにおトクなカードや電子マネーであっても、自分の生活圏や消費スタイルと合致していなければ、使わず終《じま》いになり、もったいない結果になります。

「現状把握」は、つぎの順で進めるとよいでしょう。

〈ステップ1〉自分がもっているキャッシュレス決済手段をすべて書きだします。クレジットカードや交通系電子マネーも忘れずに。

〈ステップ2〉 持っているキャッシュレス決済手段を、それぞれ何に使っているのか書いていきます。たとえば、交通系電子マネーのSuicaは、電車の運賃、駅の売店で買う飲みものなどに使っている、といったふうにです。

〈ステップ3〉 今度は、普段の生活で「現金」を使っているシーンを細かく思いだし、一覧表にします。こうすることで、自分が買い物をする行動範囲が見えてくるはずです。

〈ステップ4〉 いま、現金で支払っているシーンを、〈ステップ1〉のキャッシュレス手段に置き換えられないか、あてはめていきます。いま、すでに使っている手段があるなら、それをできるだけ活かしていくためです。

同時に、よく使う目的や場所があればまとめておきます。新しいキャッシュレス選びに活かすためです。

〈ステップ5〉 最後に、使えるツールをチェックしておきます。たとえば、モバイルSuicaなどスマホで電子マネー等を使うときは、スマホにFeliCaが搭載されている必要があります。もし、搭載されていなければ、スマホで使うキャッシュレスはＱＲコード決済を中心とせざるを得ません。FeliCaが搭載されていないスマホは、ASUSやファーウェイなど海外メーカーに多いようです。

キャッシュレス生活をもっとシンプルに、おトクにする

下準備が整えば、いよいよ具体的なキャッシュレス選びといきたいところですが、もうひと手間でもっとシンプルでおトクなしくみづくりができます。

まず、通帳など銀行口座の明細を用意してください。

そして、明細の1か月分を見て、自動的に引き落とされている、つまり口座振替になっているお金をチェックします。このうち、ただ口座から直接支払っているだけのものをピックアップします。

その中でクレジットカード払いやデビットカードなどの支払いを経由するとポイントやマイル、キャッシュバックが得られるものがあれば、それぞれ紐づかせていきます。ただし、公共料金や税金のように、口座振替のほうが安くなるものは除いておきます。

つぎに、これまで現金で支払っていたものを、購入先ごとにまとめます。それから、それらの購入先ではどのような支払い手段が使えるかをチェックします。それぞれの購入先の支払いを見比べ、共通している支払い手段を見つけていきます。たとえば、よく行くスーパーとドラッグストアで同じ電子マネーが使えるといったふうにです。

なるべくシンプルにキャッシュレス生活を送りたい人は、この共通する支払い手段を優先して採用するといいでしょう。

いっぽう、目的別にわけて管理したい人や、最大限のおトクを追求したい人は、購入先でもっともおトクになる支払い手段をチェックしていきましょう。たとえば、イオン系スーパーなら、WAONやイオンのクレジットカードで支払うことによって、毎月20日と30日に5％オフになるなどです。

もしくは、そういったものにあてはまらなければ、ポイント還元率やキャッシュバック率の大きいものを優先して選びます。最初はちょっと手間をかけることになりますが、最初さえ乗りきれば、あとは快適なキャッシュレス生活が待っています。

4

キャッシュレスかしこい応用術

さらに「有利」に使う なるほどテクニックとは！

期間限定のポイントの「うっかり失効」をなくす

ポイントを貯めはじめると、「期間限定ポイント」や「期間固定ポイント」なるものに出合うかもしれません。楽天スーパーポイントやdポイントなどで見られますが、往々《おうおう》にして数か月のうちに使わないと失効してしまいます。「しょっちゅうポイントを使って買い物をしたり、交換する予定はないよ」「交換するといっても、必要な最低ポイントが貯まっていない」「もっとポイントを貯めて交換したい商品があったのに」

こういった事情があるとき、期間限定ポイントはかなりがっかりする対象でもあります。

では、期間限定ポイントとは、どうつき合っていけばいいでしょう。

そもそも、ポイントはあまり壮大な計画で貯めることを目標とせず、〝使う機会〟があるたびに、ちょこちょこ使ってしまうのが理想的です。たとえ貯めても、使える最低単位ほどで交換や支払いに使ってしまいましょう。

それでは貯める満足感がないと思うかもしれませんが、もっとも避けるべき事態は「使わずに失効してしまうこと」です。

いまやキャッシュレス決済だけでなく、お店などさまざまなところでポイントがつきます。何種類ものポイントをもっていると、どうしても期限切れで使いそびれるポイントが出てきがちです。ポイントの存在さえ忘れてしまうこともあります。そうしたロスを防ぐためには、結局はマメに使ってしまうほうが効率がいいのです。

ポイントがそのまま支払いに使えるタイプなら、年間を通じてポイントによって恩恵を受けた額は変わります。

もちろん、「いつものペースで買い物をしていれば、これくらい貯まる」という見込みのもとに、目標額まで貯めるポイント等があってもいいと思います。たとえば、飛行機のマイルは一定マイルまで貯まらないと航空券とは交換できないため、ちょこちょこ使うわけにはいきません。

いずれにしろ、貯める前から「そのポイントは何に使えるのか」「自分の生活スタイルでは、何に交換するのがもっともトクか」といった「ポイントの出口戦略」を持っておくことが大切です。

ポイントの使いみちを考えるのが煩《わずら》わしいという人は、はじめからキャッシュバック型の決済手段を選ぶほうが得策でしょう。

「ポイントカード」をスマホに入れ込んで、らくらく管理

キャッシュレス生活をはじめると、ついてまわるのがポイントです。

もっとも、キャッシュレスにかかわらず、ポイントを集めている人は多いことでしょう。各種のポイントカードでパンパンにふくらんだお財布やポイントカード専用財布を持っている人さえ見かけます。

1章でも触れましたが、こういったポイントカードも、スマホに入れ込めるものが増えてきています。スマホに入れることで、さらにキャッシュレス生活は便利になります。財布が軽くなるだけではありません。ポイントカードの出し忘れが減ることが期待できるからです。

スマホ上で利用可能なカードの代表格は、Tポイントカード、楽天ポイントカード、dポイントカードです。これらはさまざまな加盟店で使え、対応範囲もひろいことが特徴です。

また、共通ポイントカードとキャッシュレス決済を組み合わせれば、ポイントの貯まり方に加速度がつきます。たとえば、楽天Edyや楽天Payと楽天ポイントカード、d払いとdポイントカードなどの組み合わせがあります。

とはいえ、キャッシュレス決済はポイントよりも、使い勝手のよさや自分の生活スタイルに合ったものを選ぶことが基本ですが、すでに貯めているポイントがあるなら、それが貯められるキャッシュレスを選ぶのもよいでしょう。

「クーポン」はスマホ表示にしてもれなく利用する

キャッシュレス生活で得られる「おトク」は、ポイントやキャッシュバックだけではありません。電子マネーやQRコード決済には、割引クーポンが手に入れられるものがあります。利用額から10％引きや50円引きといった期間限定クーポンを、不定期に発行しているところも過去にはあります。たとえば、Origami Payでは、コンビニのコーヒーが毎日1杯無料や、サーティーワンのアイスクリームが半額といったクーポンもありました。

また、LINE Payのように、常時、なんらかのクーポンを提供しているものもあります。

ファストフード、ファミレス、カフェなどの特定のメニューが割引になるタイプが多いようです。

クーポンといえば、これまでは紙に印刷されたものが主流でした。切り取って持ち歩く手間が面倒、小さいのでどこかに紛《まぎ》れてしまった、たいした金額じゃないし……と、使わない人もいたでしょう。

しかし、スマホ上でクーポンを表示して読み取ってもらうだけなら、簡単に利用できます。持ってくるのを忘れることもありません。やり方はQRコード決済と同じです。

ちょっとした金額のクーポンなど使ったところで大差ないと思うかもしれま

せんが、それこそチリも積もれば山となるです。クーポンを使う人とそうでない人では、手元に残るお金が年間で数千円単位で違ってくる可能性もあります。

現在、とくにクーポンを多く発行しているのはＱＲコード決済です。ＱＲコード決済に慣れたら、クーポンもいっしょに使うことにも挑戦してみましょう。

電子マネーのお財布「Google Pay」「Apple Pay」とは

スマホを使ったキャッシュレスに、「Google Pay」と「Apple Pay」があります。この2つの特徴は、中に複数の電子マネーを入れられる〝お財布的存在〟であるという点です。これらは、スマホを端末にピッとかざすだけで決済ができる「非接触型」です。

「手間」と「かかる時間」の点では、ＱＲコード決済をしのぎます。ＱＲコード決済のように決済画面をスマホに呼びだす必要はないからです。

ちなみに、Google Payの前身はAndroid Payです。２０１９年2月から名称が変わりました。

Google Payがあれば、各種電子マネーやクレジットカードなどをお財布からいっさい出してくる必要がありません。サインや暗証番号の入力もせずにすみます。

具体的には、Google Payの中に入れた電子マネーに、登録しておいたクレジットカードからあらかじめチャージして使います。

Google Payで使える電子マネーは、現在のところSuica、nanaco、楽天Edy、QUICPay、iDなどです。Google Payのアプリを開くだけで、複数の電子マネー等の残高が一覧で把握できるのもメリットです。また、さまざまなポイントカードを入れておくこともできます。

利用するには、Android端末であること、「おサイフケータイ」対応であることが必要です。

Google PayがAndroid専用なら、Apple PayはiPhone専用です。

基本的なしくみは同じですが、使える電子マネーが違います。Apple Payで使える電子マネーは、現在のところSuica、QUICPay、iDの3種類です。

アプリの画面には、登録した複数のカードが画像で表示されるのがGoogle Payと違うところです。

ただ、Google PayやApple Payには注意点があります。決済の上限が2万円程度などのため（中に入れる電子マネーにより違いあり）、それ以上の支払いは結局、現物のクレジットカードを出してくることになります。ですから、お財布を出すまでもない、ちょっとした支払いが中心になるというわけです。

Google PayとApple Pay、いずれを使うかは、自分のスマホの機種に左右されます。もしもスマホを変えることを検討しているなら、使いたい電子マネーで機種を選ぶのもありなのではないでしょうか。

QRコード決済の「リアルカード」どんなメリットがあるか？

LINE PayやKyashはQRコード決済でありながら、希望すれば現物の「カード」を発行してもらえます。

つまり、現物のカード形式の「リアルカード」を使うか、バーチャル上のカードを使うのかを使いわけることができます。

では、スマホで決済できるにもかかわらず、リアルカードをもつメリットは何でしょうか。

それは、電子マネーやQRコード決済非対応の店でも、JCBやVISAなどのクレジットカードとして支払いができる点です。クレジットカードなら使えるというお店はたくさんあります。

スマホの電池切れや、お店でコードがうまく読み取れないといったトラブルがあったときでも安心です。

そして特筆すべきは、クレジットカードとして支払えるのに「あとから一括払い」ではなく、あらかじめチャージして使うプリペイド型であるという点です。チャージした範囲でしか使えませんから、使いすぎてあとで驚くことはありません。

また、ネットでクレジットカードを使うのが不安、旅先で盗まれたりスキミングされるのが心配といった人にも安心感がもてそうです。たとえネットで不正に使われたとしても、チャージ額以上に使われる心配はありません。盗難やスキミングも同様です。

これらの点は、これまでのクレジットカードのデメリットを、ほぼ解消できるとはいえないでしょうか。

なお、LINE PayとKyashのリアルカードをおトクさという面で比較すると、Kyashに軍配が上がります。クレジットカードのチャージができて、チャージ分にポイント還元が期待できるからです。

いっぽうLINE Payでは、現在のところクレジットカードからのチャージはできません。

ちなみに、クレジットカードのように使えるけれど後払いでないものには、ほかにVISAなどのブランドを搭載したデビットカードもあります。デビットカードの即時払い性とリアルカードの事前チャージ、どちらが自分に合っているかで使いわければよいでしょう。

銀行の「キャッシュカード」がスマホの中に入る

ここにきて、金融機関のスマホ決済（ＱＲコード決済）もリリースがつづきます。

ひと足先にサービスを開始している「ゆうちょＰａｙ」では、ゆうちょ銀行の口座とスマホアプリを連携させ、スマホ上で支払いができるようになっています。キャッシュカードがスマホの中に入ったイメージです。

コード読み取りで買い物や飲食の支払いができるほか、払込取扱票（対応表示があるものに限る）で公共料金等の支払いも可能です。

使い勝手はデビットカードに近いといえます。なぜなら、支払ったタイミングで口座から引き落とされて、口座残高以上には使えないからです。

特筆すべきは「キャッシュアウト」ができる点です。ゆうちょＰａｙのキャッシュアウトでは、駅の券売機で現金が引き出せます。ただ、いまのところ対応しているのは東急電鉄線のみ（２０１９年８月現在）となっており、今後の拡充が期待されます。

また、2019年秋からは、「Bank Pay」のサービスが始まる予定です。メガバンクや地方銀行など1000以上が参加する共通のスマホ決済サービスになるとのこと。Bank Payは、デビット決済システムの「J-debit」を運営する日本電子決済推進機構が進めています。

こちらも口座とスマホアプリを連携させ、スマホで支払ったものが口座から即時に引き落とされるしくみです。

キャッシュレスでは「浮気」がむしろトクする場合もある

キャッシュレスはいまのところ、一途《いちず》にこれしか使わないと決めつけないほうが得策かもしれません。

将来的には自分の使いやすいものに絞ることが、利便性の面でも望ましいといえますが、キャッシュレス普及初期の現在は、次々とおトクなキャンペーンが打ち出されています。

支払った額の半分がポイント還元されたり、70％オフだったり、20〜0・5％のボーナス還元を受けられたりと、普通では望めないような割引額です。

こうしたおトクなキャンペーンには、とにかく一度乗ってみるのもアリではないでしょうか。こうしたキャンペーンは普及を促す目的もあるため、〝いまだけ〟という可能性もあるからです。

また、使いやすさは実際に使ってみなければわからない面があります。筆者も趣味と実用を兼ねて、あらゆるキャッシュレス決済、とくに電子マネーやQRコード決済をスマホにダウンロードして使ってみています。

そうすると、使い勝手にけっこう差があることに気づかされます。たとえばQRコード決済なら、支払いコード画面の呼びだしやすさ、立ち上がりの早さ、画面の見やすさなどの違いです。

複数を試しているうち、つい勝手のよいものばかりを使ってしまいますから、自分に合ったキャッシュレス決済がおのずと絞られてます。

そして、あっちのおトク、こっちのおトクと有利な割引率のキャンペーンを渡り歩いて、最大限のおトクを享受《きょうじゅ》しながら、自分に合ったキャッシュレスが選別されるため一石二鳥です。

とはいえ、人によって向き不向きがあります。

こうしたやり方は新しいキャッシュレスが出てきても面倒がらずに試して管理もできる人、その管理さえも楽しんでしまえる人には向いています。

いっぽう、こういったことが面倒だと思うタイプが目の前のおトクにつられて、次から次へと新しいキャッシュレス決済手段を採り入れるのは失敗のもとです。

このタイプは、どの決済手段にどれくらいチャージやポイントが残っているのか把握しきれず、結局はムダにしてしまいかねません。最悪は、キャッシュレス自体が面倒になることさえもありえます。

快適なキャッシュレス生活を送るためには、「自分のタイプを見誤らないこと」です。それが結局は、最大限のトクを手に入れるコツといえるでしょう。

現金派はこんなにも「時間のムダ」をしている…

最短50秒と3分20秒。

これは何の時間かというと、前者はコンビニでキャッシュレスを使った人の所要時間、後者は現金で支払った人の所要時間です、もちろん、買い物の内容や個人差がありますから、これは実測した一例にすぎません。

ただ、スマホなりカードなりをピッとかざして会計をすませる人と、小銭を数えたりおつりをもらったりする人では、時間に差がつくことは容易に想像できます。

冒頭の時間差である2分30秒を、出勤前に月に20日繰り返したとすれば、1か月で50分、1年では10時間もの時間差になります。1日の勤務時間や睡眠時間より長い時間を、レジ前で浪費してしまっていることになります。

また、使って手元に現金がなくなれば、ＡＴＭで引きだして補充する必要があります。ＡＴＭが空いていれば3分程度ですむところを、連休前などなら長い列に並ばざるを得ないこともあるでしょう。

月に3回、合計で15分をATMで費やしたとすると、1年につき3時間をATMに捧げている計算になります。8年経てば、丸1日という時間です。

勤務先や自宅への通り道にATMがあればラッキーですが、そのために遠回りしたり、出先でATMを探しまわったりすれば、費やす時間はもっと増えるはずです。しかも、ときには時間外手数料も払って。

現金で生活している限り、これだけの時間のムダが生じてしまいます。銀行口座にお金が入っているのなら、口座から直接支払い分が出ていけば、こんなに効率のよいことはありません。キャッシュレス生活ではそれが可能なのです。

行列に並ぶことなく飲食物をテイクアウト

飲食などの「行列ができるお店」といえば、人気店の代名詞です。そんなお店の行列にあえて「並ぶのが好き」という人もいるかもしれません。でも、行列に何時間並ぼうとも、その末に手に入れられる品物は同じはずです。それにもかかわらず長い間立つことを余儀なくされ、暑さ寒さにも耐えなければならない行列は、できるだけ避けたいものです。

キャッシュレスなら、行列に並ばずして同じモノを手に入れることも可能です。たとえば、スターバックスが始めた「モバイルオーダー＆ペイ」は、スマホ上であらかじめメニューの注文と支払いを済ませておけば、あとは店舗で受け取るだけ。スマホ画面では「約7～12分後に受取り可能」といった時間の目安も知ることができます。

ちなみに、注文ではシロップやソース、ホイップの追加などのカスタマイズもおこなえます。普段、うしろの列が気になって焦《あせ》ってしまい、カスタマイズを注文しそびれてしまうという人にもよさそうです。

この「モバイルオーダー＆ペイ」は2019年7月時点では、まだ東京の一部の店舗でのみの導入ですが、今後、実施店は順次拡大されるとのこと。

ほかにも、「O:der（オーダー）」というモバイルオーダーサービスが使える店では、同じように注文と決済を事前にスマホ上でおこなっておき、あとは商品を受け取るだけです。この「O:der」では、さまざまな店舗の商品がオーダーでき、たとえば、JR東日本グループが運営する駅ナカ店舗の一部や、UCCが運営する上島珈琲店などで利用できます。

また、マクドナルドでも専用アプリをインストールすることで、モバイルオーダーが可能です。さらに、フードコート系に強いモバイルオーダーアプリ「Putmenu」やYahooで2019年に実証実験が始まったモバイルオーダーなど、こうしたサービスは日進月歩で導入店が増えている状況です。自分がよくいくお店でもすでに導入されているか、一度チェックしてみるとよいでしょう。

駅でのあわただしい移動中にムダな時間を省いたり、貴重な昼休みに行列に並ばずにすむなら、これまでよりもっと時間を有効に使えます。

キャッシュレス生活で時間ができた。何に使う?

「ちょっとくらい時間が浮いたからといって、いったい何になる?」。そう思う人もいるでしょう。しかし、「時は金なり」です。

前述の例の1年で浮いた10時間を時給1000円に換算すれば、1万円が稼げたほどの時間だともいえます。10年なら10万円です。

もちろん、浮いた時間すべて働かなくてはいけないわけではありません。身体を休めてリフレッシュしたり、手がつけられなかった部屋の模様替えをしたり、資格を取得するための勉強時間にあてることもできます。有効活用する方法は何とおりも考えられます。

時間は自分しだいで自由自在に使える貴重なリソースです。それにもかかわらず、「たかがちょっとした時間」と思ってしまう人は、もったいない時間とお金とのつき合い方をしてしまっているかもしれません。

「時短」という意味でも、ぜひキャッシュレスを活用してみてください。新たな世界が開けるかもしれません。

5

キャッシュレスでらくらく家計

「時短家計簿」なら お金が活きる・増える！

家計を「見える化」すると お金が生みだせる

「レコーディングダイエット」なるダイエット法が流行ったことがあります。毎日、自分の体重と食べたもの、そして体重の増減を記録することで、ダイエット効果が飛躍的に上がるというもの。

そもそもの体重がわからなければ減らしにくい、どれくらい減ったかが見えなければダイエットの効果を実感しづらいという発想だそうです。

じつは、お金についても同じことがいえます。「自分はどれくらいお金の出入りがあるのか」「そもそも、どれくらい資産を持っているのか」といった現状把握ができなければ、お金は貯まりにくいのが現実です。

不思議なもので、人間というのは「見える目標」があったほうが、行動しやすくなります。

たとえ「1年で100万円貯蓄する」と決心しても、ただ決心しただけでは達成しにくいものです。それよりも、「月に5万円、夏冬のボーナスで20万円ずつ貯蓄すれば、1年で100万円貯まる」といった具体的な数値を掲《かか》げたほうが目標にぐっと近づきやすくなります。

たとえば、手取り収入が25万円なら、月5万円貯めるためには支出は20万円に抑えるといった行動の目安が立てやすくなるからです。

もっとも、「今月は支出が2万円オーバーして、3万円しか貯蓄できなかった」ということもあるかもしれません。ここで、たまたまやむを得ない事情があっただけなのか、それとも今後もありそうなムダな支出がいくつかあったのかといった、何が原因で予算オーバーしたのかを分析しないままでは、来月も同じことの繰り返しになるかもしれません。

まさにこの部分を把握するのが「家計簿」の役割です。

そうはいっても、家計簿をつけるのは手間がかかります。なかなか実行に移せなかったり、途中で投げだしてしまったりする人もいることでしょう。

しかし、キャッシュレスを組み合わせた「時短お金管理術」なら、そんな悩みとも無縁になります。

究極のことをいえば、お金を貯めたいなら収入を増やし、ほとんど使わないことで実現できます。しかし、生活していくにはお金を使わないわけにはいきません。ただやみくもに節約するだけの人生も味気ないものです。つまり、大切なのは出ていくお金をどう管理するかということが大切なのです。

キャッシュレス生活では、使ったお金の内容や額、そして、あとどれくらい使えるかが、数字ですぐに把握できるようになります。

家計を「見える化」し、具体的な数字で意識することで、自然とお金が貯まる体質に変わることができるのです。

「時短お金管理術」と「時短家計簿」のメリットとは

「時短お金管理術」とは、手間をかけることなくお金を管理でき、さらにはお金がどんどん貯まっていく家計管理法のこと。キャッシュレスによって労せずお金を管理できるツールを持つのが、この管理法のポイントです。

時短お金管理術で把握するお金は3つです。

(1)出ていくお金……日々、何に使っているのかを把握します。
(2)入ってくるお金……お給料はもちろんのこと、不動産収入や副業収入なども含めた総額を把握します。
(3)入ってくるお金から出ていくお金を引いた差額……この差額が年間で貯蓄できている額です。

まずは、この3つの数字を把握できていることが、「貯まる体質」になる基本です。

さらに、ここへ資産運用での増減額も加味したいところですが、最初からこれを考えると、年間にいくら増えたか減ったか混乱してしまう人も多いと思います。ですから、3つの数字をシンプルに把握することから始めてみましょう。

3つのうちでいちばん把握がたいへんなのは、いうまでもなく「出ていくお金」です。家計は日々のこまごまとした支出の積み重ねでできています。もっと貯めるためには、そこに潜《ひそ》んでいるムダな支出を洗いだす必要があります。

そのために使うのが、まさに「家計簿」です。

時短お金管理術ではこの家計簿を「自動記録」させていくことがキモになり

ます。キャッシュレスによってお金の出入りを自動的に記録し、パソコンやスマホ上に家計簿を構築していくのです。この家計簿を、本書では「時短家計簿」と呼んでいます。

手書きの家計簿をつける時間を1日に15分だと仮定すれば、1か月では7時間30分、1年なら3日と18時間になります。そのぶんの時間を節約しながら、従来の家計簿をつけるのと同じ効果が得られるのです。

「時短家計簿」はたんにお金の出入りを自動的に記録するだけではありません。トータルで結局いくらのお金が出ていったかも把握していきます。その〝総合化〟に使うのが「家計簿アプリ」です。

さらに、できあがった家計簿は、スマホやパソコンでいつでもどこでも手軽に見られます。家計簿はつけただけでは意味がありません。自分が何にどれくらい使っているのか、どれくらい残っているのかを把握してこそ効果があります。どういったものに使いすぎてしまうのか。「使っても使わなくても変わらないような支出」、すなわち家計のムダを見つけだすことこそが大切です。

いままで、何となくスマホを眺《なが》めていたり、暇《ひま》つぶしにゲームをしていた時間を家計簿アプリを確認する時間に変えれば、それだけで自然とお金が貯まる体質に変わることも不可能ではありません。

ところで、これまでパソコンソフトのExcelを使って、家計管理をしてきた人もいるかもしれません。家計の相談の場でも、システマティックにまとめ、美しいグラフまで備えたファイルを持参される方もいらっしゃいます。自分がつくりやすく見やすいのであれば、その形式でもOKです。

共働き夫婦にこそ「キャッシュレス家計簿」

時短家計簿をとくにお勧めしたいのは共働きのご家庭です。共働きの家庭では、とにかく時間はいくらあっても足りません。家計簿をつける時間があるなら、すこしでも子どもとの時間をもったり、身体を休めたりしたいのではないでしょうか。

しかし往々にして、ダブルの収入があるという安心感からか、あまり考えずにお金を使ってしまう共働き家庭もすくなくありません。

あるいは、家計を一緒にしていない家庭では、お互い相手がしっかり貯めているだろうと思い込み、蓋《ふた》を開けてみると、家計がまずい状況になっていたことにもなりかねません。

時短家計簿を使うと、こうした事態を避けられます。アプリのIDとパスワードを共有しておけば、それぞれのスマホやパソコンからお金の流れを見ることもできます。

とはいっても、お互いにすべての支出や銀行口座を共有する必要はありません。支出や貯めるべき範囲が具体的な数字で共有できていれば、それぞれプライベートなお金の使いみちまでつまびらかにする必要はないのです。

家庭として何にどれだけ使っているのか、そのうちお互いがプライベートで管理する部分はどれくらいかを把握できれば大丈夫です。

なお、時短家計簿をつくる前には、まず「家計の方針」が決まっていることが大前提です。すなわち夫婦の収入・支出をすべて合わせて管理するのか、あるいは共同家計部分とプライベート部分をわけるのか。これが決まっていないと、時短家計簿もうまく作用しません。

ところで、夫婦の家計が別々でも、一緒に外食して一方が支払いを立て替えたというときもあるでしょう。あとで精算するつもりがうっかり忘れるなどが度重《たびかさ》なると、家計管理がよくわからなくなってしまうという声もよく聞きます。

そこで活用してほしいのが、90ページで紹介した個人間の送金機能やワリカン機能のあるアプリです。たとえば「Pring」のように、いつでも引きだせるアプリなら安心感があります。もしくは、お互いによく利用するならPayPayやKyashなどでもいいでしょう。

共働き家庭こそキャッシュレスと時短家計簿を使いこなし、お金に振りまわされることなく、時間を自分たちのために大切に使ってください。

「時短家計簿」はどうスタートさせるか？

時短家計簿は、「家計簿アプリ」にキャッシュレス決済の支出記録を連携させてつくります。

たとえ複数の決済手段を使っていたとしても、家計簿アプリに統合されるので、それさえ見れば今月はいくら支出があって何に使ったかが一覧できます。

そもそも家計簿アプリには、さまざまなタイプがあります。口座振替やクレジットカードの履歴が自動記録されるもの、基本的に手入力するもの、レシートを撮影すると記録されるものなどです。

時短家計管理で使うのは、「自動記録」ができるタイプです。アプリといってもパソコンで使えるものもありますから、パソコン派の人も大丈夫です。

とはいえ、残念ながら現在のところ、いずれの家計簿アプリも、すべてのキャッシュレス決済手段に自動連携できるわけではありません。したがって、自分の使う決済手段ができるだけ多く連携の対象になっているアプリを使うのが得策です。

164ページの表では、自動連携できる数が多く、使い勝手に定評のある3つの家計簿アプリをピックアップして、使える主要電子マネーを比較してみました。「マネーフォワードME」「Money Tree」「Zaim」です。

3つのうちでは、マネーフォワードがもっとも連携が多いのが見て取れます。

また、交通系電子マネーは連携できるもの、できないものがありますが、マネーフォワードには一覧表に出てきていないアドバンテージがあります。

それはアプリ「ICカードリーダー by マネーフォワード」をインストールすると、全国46種類の交通系ICカードと連携が可能になる点です。ただし、これはNFC対応（おサイフケータイ）のAndroid端末に限られます。

電子マネーのほか、主だったクレジットカードももちろん自動連携できます。QRコード決済は、チャージ元のクレジットカードや銀行口座を連携させて、支出を把握していきます。LINE Payは自動連携が可能です。

ところで、完全キャッシュレス生活を目指したとしてもいまの日本では、どうしても現金での支払いも発生します。その分だけはレシートを撮影して記録するか、手入力していくしかありません。

それが面倒な人は、銀行口座を家計簿アプリに連携させ、「現金の引き出し額」の合計額のみを把握していくのもよいでしょう。

「家計簿アプリ」に自動連携できる電子マネーは？

	マネーフォワード ME	Money Tree	Zaim
交通系電子マネー	モバイルSuica PiTaPa nimoca SMART ICOCA SUGOCA	モバイルSuica nimoca SMART ICOCA SUGOCA	モバイルSuica PiTaPa nimoca SMART ICOCA
主要電子マネー	nanaco WAON 楽天Edy Kyash LINE Pay au WALLET dカードプリペイド エポスVisaプリペイドカード	nanaco WAON 楽天Edy au WALLET	nanaco WAON 楽天Edy Kyash LINE Pay au WALLET Yahoo!ウォレット
外資系電子マネー	GAICA JAL Global WALLET		
カフェ系電子マネー	タリーズカード スターバックスカード ドトールバリューカード カフェ・ド・クリエカード	タリーズカード スターバックスカード ドトールバリューカード	タリーズカード スターバックスカード

あるいは、家計簿アプリへの記録にこだわらず、もっとざっくりした把握でも大丈夫です。

キャッシュレス生活が進むと、現金の支出はどんどん少なくなります。お財布に入れた現金3万円がずっと使われず残っているといったことも珍しくありません。

そんなふうに現金を使う機会が限られているなら、覚えているのもさして難しくないでしょう。最初にお財布に入れた金額だけしっかり覚えておき、月末に残高を数えます。その差額を〝現金使用分〟と記録すればいいわけです。

時短家計簿をセットアップするときのコツ

時短家計簿にはすべてのキャッシュレス決済手段を連携させることが基本ですが、ここで気をつけたい点があります。

すべての支出を管理するわけですから、電子マネーで支払った金額も、そこへ連携させたクレジットカードからのチャージ金額も、両方とも記録されます。つまり、「支出が二重に計上」されてしまうことになります。

それを防ぐために、クレジットカードチャージをしている電子マネーに関しては、クレジットカードと電子マネーのどちらか一方を連携させます。クレジットカードのほうが電子マネーチャージ以外でも使うことが多いなら、クレジットカードを選択するほうがよいでしょう。

しかし、支出総額を優先してクレジットカードだけ連携させると、電子マネーで使った明細は家計簿アプリには現れません。この場合、くわしい支出の内容は、電子マネーごとのアプリで確認します。QRコード決済も同様です。

あるいは、支出のおもととなる銀行口座が1つ、ないしは2つ程度に限られているなら、支出総額は口座残高で把握ができるため、家計簿アプリではすべての支出内容が一覧できることを優先させる使い方でもかまいません。筆者も、支出明細を家計簿アプリで表示させることを優先しています。

いったん時短家計簿をつくってしまえば、あとは自動的に記録してくれるので楽なことこの上ありません。ただ、最初の設定だけはちょっと時間を取って、がんばりたいところです。その後は長きにわたって時短の恩恵を受けられます。

連携させるためには、当然ながら自分が使っているキャッシュレス決済手段の番号なりIDなりが必要になります。あらかじめそれらをそろえておいて、いっきに作業してしまいましょう。

最初の設定はスマホではなく、パソコンからのほうがやりやすいという人が多いようです。

ところで、家計簿アプリは使ったお金の表示画面や費目の設定方法など、それぞれに特色があります。時短家計簿を長続きさせるためにも、使い勝手がいいと感じるものを選ぶことも大切です。

一番いいのは、複数を並行して使ってみることです。最低2つの家計簿アプリに、同じようにクレジットカードや電子マネーを連携させます。そうやって比べると、アプリごとの違いがよくわかります。

筆者は同時に3つの家計簿アプリを比較しましたが、自動連携の反応のよさ、費目へ振り分ける正確さなどの点でかなりの違いがありました。

ひとつがダメなら次へというやり方もありますが、同じデータで比べられないので、判断しづらくなります。最初の手間は面倒ですが、同時に見比べたほうが早くお気に入りにたどり着けます。

「家計簿アプリ」を安全・安心に使う法

家計簿アプリを使う際には、クレジットカードの番号や電子マネーのＩＤ、パスワードまで入力します。「自分の、しかもお金に関する大切な情報を、ここまで取得させて大丈夫なのか」とためらう人もいるかもしれません。

筆者もかつて同じ不安をもっていたため、気持ちはよくわかります。そこで、あるときたまたま出会った家計簿アプリの運営会社の方に疑問をぶつけてみました。

家計簿アプリは、個人情報を直接保有するわけではありません。たとえば、マネーフォワードは暗号方式のＳＳＬ通信を利用し、金融機関等の認証情報は異なるサーバに暗号化して保存されるそうです。また、ログインがあったなどの情報がメールに届くので、自分以外のアクセスがあればパスワード変更などの対策を講じることができます。

ただ、世の中に「絶対に安全」はありません。「こんな大会社まで」と驚くような個人情報流出のニュースに接することもあります。銀行のシステムさえも絶対にハッキングされないとはいいきれません。すべてのリスクから逃れるには、あらゆるサービスに背を向けるしかないでしょう。割りきって利便性を取るのであれば、可能な自衛策はすべて取っておくべきです。

決済手段やＳＮＳなどのパスワードなどを、すべて同じにしないことは大前提です。アンチウイルスソフトも入れておくべきでしょう。

さらに、筆者がおすすめするのは、家計簿アプリで「支出のみ」を連携させることです。

家計簿アプリでは、銀行口座から証券口座、確定拠出年金口座までありとあらゆる情報を集約し、お金を一括把握することも可能です。自分のお金まわりがすべて一元化できれば、もちろんそれは便利です。

しかし、あえて資産額を連携させず、「支出のみの記録」であれば、仮に情報が流出しても大切な資産が狙われたり、お金を洗いざらい引き出されたりするような危険を減らせるのではないでしょうか。

しいていえば、こんなものにお金を使っているとか、こんな店がいきつけかなど、他人に知られるのはイヤかもしれませんが、ちょっと恥ずかしいくらいですみます。収入や資産がどれほどあるのかを知られるよりもましでしょう。

したがって「入ってくるお金」や「資産額」まで家計簿アプリに連携させるかどうかは、慎重に判断してください。

自動的に作成される、これが「家計簿」の例

ここまで時短家計簿のご説明をしてきました。でも、「家計簿が自動的にで

きあがる」といわれても、具体的なイメージがわかないという人もいるでしょう。そこで、実際に筆者が使っている「マネーフォワードME」の画面で、実例を紹介していきます。

自動連携している支出のみを表示させると、基本的には次ページの図のように「どこで」「何の決済手段で」「何を」「いつ」「いくら」使ったか…が、自動で記録されていきます。ちなみに「通信費」「美容費」といった費目も、基本的に自動判定されて表示されます。

自動判定で費目名が間違っている場合などには、自分で変更することができます。また、たとえば「おやつ費」といったオリジナルの費目名を設定することもできます。

そして、これまでの紙の家計簿と異なり、見せ方や並び順を変えることも簡単です。したがって「いつ」「いくら」使ったかのほかに、たとえば、費目ごとに自分の支出を表示させることもできます。

普段は、何にどれくらい使ったのか、こうした明細を画面で確認してふり返

支出明細〈パソコンの場合〉の例

☑	05/26(日)	ダイエー○○ 支払い	-2,160	WAON	食費 ▼	食料品 ▼
☑	05/26(日)	ダイエー○○ 支払い	-1,003	WAON	食費 ▼	食料品 ▼
☑	05/26(日)	NTTコミュニケーションズ 5月分	-326	JCBカード	通信費 ▼	固定電話 ▼
☑	05/26(日)	NTTコミュニケーションズ 5月分	-326	JCBカード	通信費 ▼	固定電話 ▼
☑	05/14(火)	PS○○支払	-923	WAON	食費 ▼	食費 ▼
☑	05/10(金)	SHERATON KONA RESORT KAILUA KONA	-13,987	JCBカード	趣味・娯楽 ▼	海外旅行 ▼
☑	05/02(木)	ICEPARDAL(アイスパーダル) 全20色 S～4Lサイズ レディース 無地 ラッシュガード パーカー UPF50+YKKダブルジップ使用 IR-7100	-1,290	Amazon.co.jp	趣味・娯楽 ▼	スポーツ ▼
☑	05/02(木)	Sixspace マリンシューズ 超軽量 ウォーターシューズ 水陸両用 アクアシューズ アウトドアレジャー 通気性 男女兼用	-1,799	Amazon.co.jp	衣服・美容 ▼	衣服 ▼

＊「マネーフォワードME」画面より作成

支出明細〈スマートフォンの場合〉の例

NTTコミュニケーションズ 5月分	¥-326
NTTコミュニケーションズ 5月分	¥-326
2019/05/14(火)	
PS○○支払	¥-923
2019/05/10(金)	
SHERATON KONA RESORT KAILUA KONA	¥-13,987
2019/05/02(木)	
割引	¥150
ICEPARDAL(アイスパーダル)全20色 S～4Lサイズ...	¥-1,290
Sixspace マリンシューズ 超軽量ウォーターシュー...	¥-1,799

＊「マネーフォワードME」画面より作成

ることで、「ムダな支出」「使いすぎ」をチェックしていきます。

そして、数か月ごとに、全体の支出もチェックしてみると、その月々の費目ごとに使いすぎていないかどうかが把握できます。

次ページの図は「マネーフォワードME」の集計画面の例です。

自分で電卓を叩いて合計しなくとも、月々の支出合計が自動的に算出され、自動表示されますから、家計支出の増減が一目瞭然です。

この支出合計欄で、月々の変動を把握し、支出が大きくなっている月があれば、費目ごとの金額を確認して、どこに使いすぎがあるのかをチェックしていきます。

ちなみに、その月が終わる前に支出オーバーを防ぐには、図のようにカレンダーで支出を一覧表示させるのも有効です。これを見れば、「この日とあの日、使いすぎだったな」といった「支出のペース」が一目瞭然です。

このように、家計簿アプリを使うことによって、時短で自分のお金の使い方

集計画面の例

自分で家計簿を
つけなくても
月々の支出の
増減が一目瞭然

	2019/03/01～	2019/04/01～	2019/05/01～	2019/06/01～	2019/07/01～
支出合計	46,208円	292,442円	74,120円	60,390円	54,932円
食費	6,389円	25,626円	5,160円	3,296円	5,936円
日用品	0円	2,049円	6,266円	1,805円	4,540円
趣味・娯楽	0円	990円	15,277円	0円	4,522円
交際費	0円	0円	0円	0円	0円
交通費	8,486円	0円	0円	0円	0円
衣服・美容	9,580円	25,662円	5,599円	14,255円	18,842円
健康・医療	0円	6,012円	0円	0円	0円
自動車	3,065円	0円	0円	0円	0円
教養・教育	0円	7,864円	980円	980円	3,788円
特別な支出	0円	3,835円	0円	5,284円	1,699円
現金・カード	0円	0円	0円	0円	0円
水道・光熱費	0円	0円	0円	0円	0円
通信費	14,536円	46,021円	24,146円	4,823円	6,290円
住宅	0円	0円	0円	0円	0円
税・社会保障	0円	0円	0円	0円	0円
保険	4,152円	4,152円	4,152円	4,152円	4,152円
その他	0円	0円	12,540円	15,192円	0円
未分類	0円	170,231円	0円	10,603円	5,163円
収支合計	-46,208円	-279,236円	-68,268円	-55,262円	-40,826円

＊「マネーフォワードME」画面より作成

月ごとの支出（カレンダー表示）

当月収入		当月支出		当月収支
5,852円	−	74,120円	=	-68,268円

◀ 2019/5/1－2019/5/31 ▶ 今月 月を選択

日	月	火	水	木	金	土
28 +659 -7,659	29 +94 -5,922	30 -22,749	5/1 -1,228	2 +150 -3,089	3 -1,008	4
5	6 +1,762	7	8	9	10 -13,987	11
12	13	14 -923	15	16	17	18
19	20	21 -3,130	22 -3,800	23	24	25 -12,540
26 -3,815	27	28	29	30 -3,915	31 +3,940 -26,685	6/1 -1,228

＊「マネーフォワードME」画面より作成
（＋表示されている金額は収入だが、ここでは支払いにあてたポイントや割引額が表示されている）

を簡単に把握することができます。

ただ、こうした家計簿アプリの難点をあげるとすれば、現在のところ、「必ずしもリアルタイムに支出が反映されるわけではない」という点です。

自動連携させている決済手段などにより違いがあり、数日のタイムラグを経て表示されることもあります。これが改善されて、ぱっとリアルタイムで反映されるようになれば、さらに便利になることでしょう。

時短家計簿を見る際に「やってはいけない」こと

時短家計簿を振り返るとき、これだけは「やっていただきたくない」ということがあります。それは、「どれくらい使うのが普通なのか」「世の中の平均の支出はどれくらいか」という視点で見るということです。

平均と比べて一喜一憂してもお金は増えません。今日から「普通は？」「平均は？」という考えは捨ててください。

たとえば独身でも、親元で暮らしているのか一人暮らしなのかで、支出は変わってくるはずです。また、たとえ条件が同じでも、それぞれの価値観やライフスタイルによって、支出の内容や金額は異なります。

たとえば、食にまったく興味がない人、食べることが大好きな人、有機野菜といった食の質にこだわる人では、支出のうち食費が占める割合や金額が違って当然です。

貯まる体質のためには、「自分の場合」を考えるのがもっとも近道です。すなわち自分の場合は、どのような支出を、どういった割合・金額にキープするのがベストか、見極めるのです。そのうえで時短家計簿で、支出のムダをなくしていく作業をするだけでも、手元に残るお金が違ってくる効果があります。

さらに、年間の収入に対してどれくらい使っているか、いくら貯蓄ができているかも意識してください。

たとえば、年間の貯蓄額が50万円とわかっていれば、このペースでは10年たっても500万円にしかならないということが一目瞭然でわかります。そうした現状を把握してこそ、ではどうするかという対策につなげていけるのです。

家計の管理は、口座間の「しくみづくり」が重要

家計管理でつまずく人が多いのが、複数の口座の管理です。あらゆる入出金を1つの口座に集約できればわかりやすいのですが、実際には、多くの人が複数の口座を持っているのではないでしょうか。

給与振込の関係でメイン口座とは別の口座をつくらざるを得なかったり、これは生活費、これは子ども関連など目的別に口座をわけていたり、理由はさまざまでしょう。

それにたいして、お金が入ってくる口座は1～2つという人が多いため、引き落としに備えて口座間でお金を移動するのが大変、管理しきれないといった悩みをよく聞きます。なかにはお給料日のあとは、何か所ものATMをハシゴする人もいるほどです。

この口座間移動のために、わざわざ銀行やATMにいく必要はありません。ネットバンキングの振込で、さっと振り分けをすませてしまいましょう。

口座振り分けの例(1)…目的ごとに口座を管理

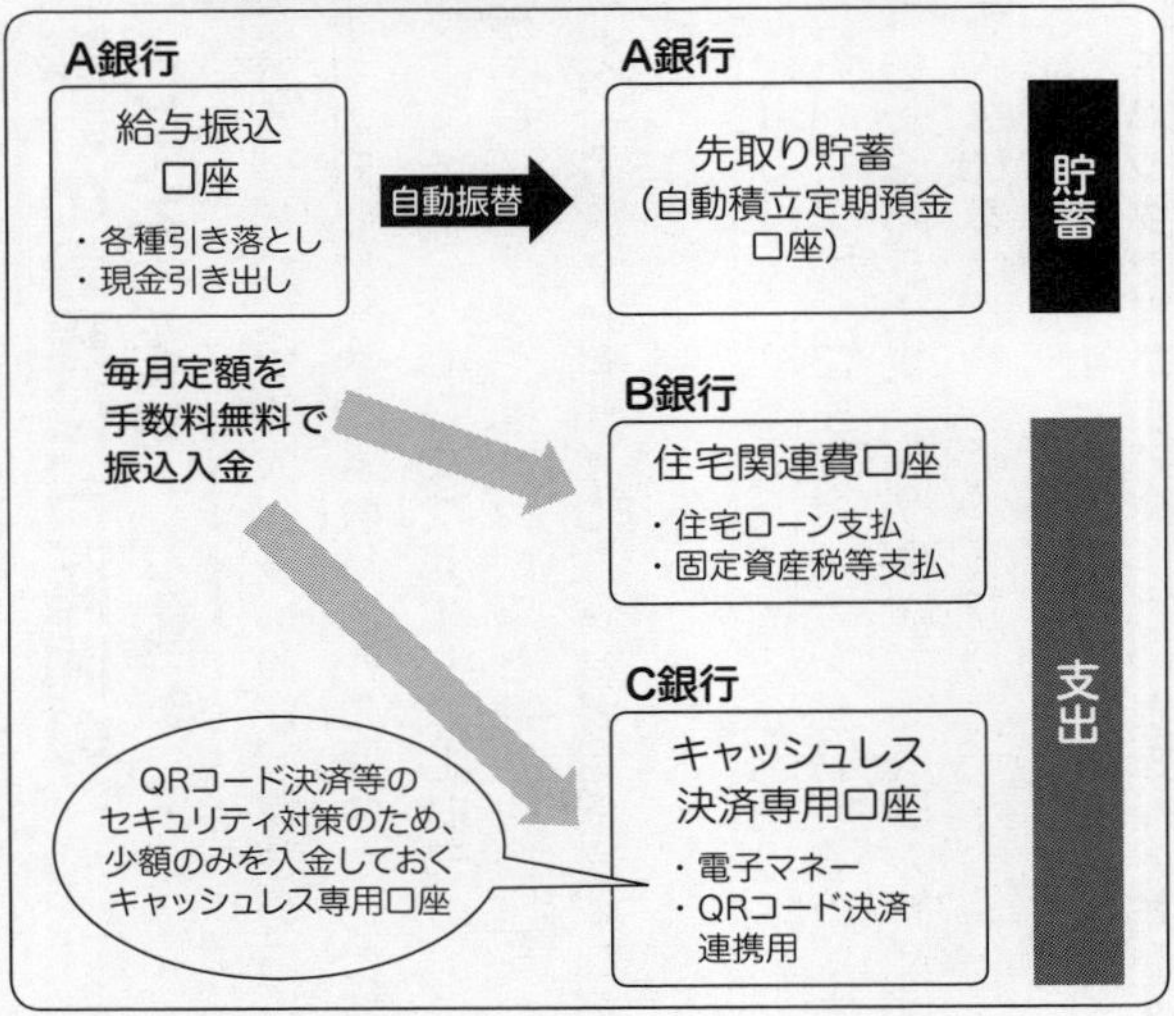

口座振り分けの例(2)…共働きの場合

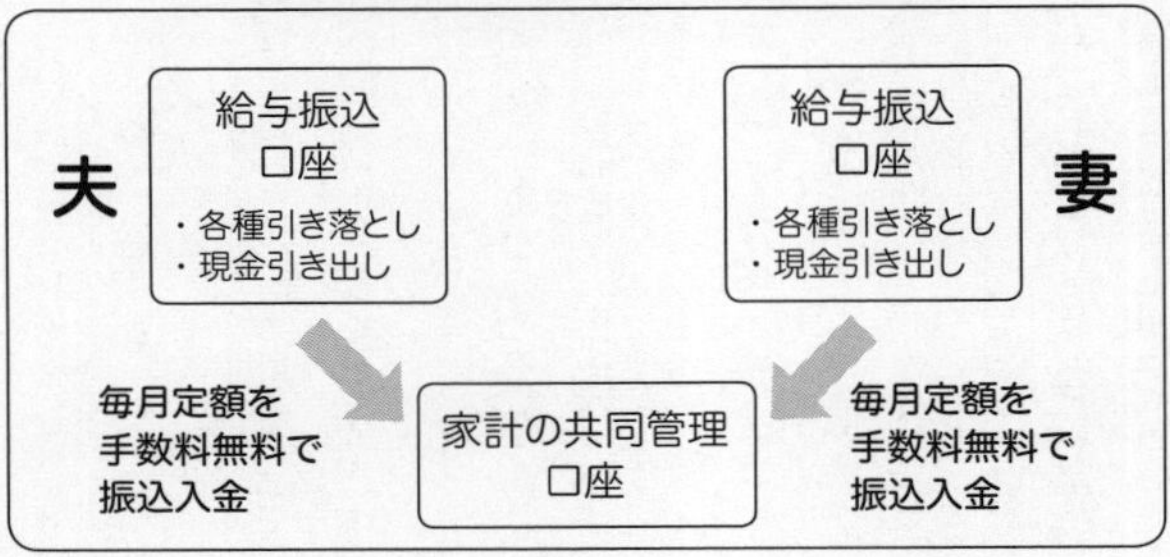

それには、まず振込手数料が無料の金融機関に口座を確保するのがベストです。すでにメインバンクが手数料無料になっている人もいるかもしれません。あるいは、自分の口座のうち、お給料などのお金が入ってくる口座に振込手数料が無料となる道はないかを探してみてください。口座残高などの条件を満たせば、月に数回などの振り込みが無料になる銀行は意外とあります。

振込手数料無料の口座を確保したら、あとはネット上で口座間移動のしくみをシステマティックに実行するだけです。

まずは自分の銀行口座間のお金の流れの通りをよくしておきましょう。

時短家計簿で「お金とのつき合い方」を変えよう

時短家計簿ができあがったら、ぜひ自分の支出の履歴を眺めてみてください。スマホに入れておけば、電車を待つ間でもランチタイムでも、ちょっとした時間にチェックできます。

あなたはどんな買い物が多いタイプでしょうか。

貯まる体質になるうえでいちばん避けたいのは、「必要になってから、慌てて買う」です。同じものでも、高い価格で買うハメになりがちだからです。また、外出先で雨に降られるたびに傘を買うなどムダが多くなります。

そうはいっても、あらゆる情報を調べ、底値で買いましょうということではありません。

お金が貯まる体質になるポイントのひとつは、「アンティシペーション（予測の力」です。つまり、自分自身の需要を予測するわけです。

たとえば、自分がどのくらいのペースでハミガキやシャンプーを買うのかがわかっていれば、通りすがりのドラッグストアで出あった特売品を安く手に入れておくこともできます。なお、家計簿アプリで過去に買った底値を確かめて、値段の比較をすることも便利な使い方です。

これまで多くの家計を見てきましたが、お金の使い方が上手な人は、この「予測して支出する」力に優れている傾向があります。たとえば、早割を使って旅行の予約をする、バーゲンのときにまとめて買い物をすませるといった話が頻《ひん》繁《ぱん》に出てくるのです。

筆者自身を振り返っても、いまは買い物のために大切な休日を半日つぶすことは皆無です（昔はありました）。外出する際はできるだけ通りがかりの行動範囲内で、大半の買い物をすませてしまうからです。たまたま通りかかって安いものを見つければ、先々の需要を見越してまとめ買いしておくこともあります。

家計簿アプリで自分の買い物傾向をつかみ、「予測して買う」行動もぜひ採り入れてみてください。くれぐれも安いからといって買いすぎて、結局は捨ててしまうことのないようにしましょう。

「現金の袋分け」家計管理いつまで続けます？

「現金の袋分け家計管理法」をご存じでしょうか。お給料が入った時点で、食費や日用雑貨費などの目的別に現金を袋分けし、その各袋に入っている現金の範囲でやりくりする方法です。ずいぶん前から雑誌やＷｅｂでよく紹介されていますから、実践している人も多いのではないでしょうか。

メリットは、袋に入っている以上の現金を使わずにすむこと、袋を見れば目的ごとの予算と残高を把握しやすいというわかりやすさです。

いっぽう、デメリットは手間と時間がかかる点です。ひとつひとつ袋分けをする、お財布の中身が少なくなったら袋から補充する。さらに、いくら使ったかを知るには、それぞれの袋の現金を数えなければなりません。

また、お財布への補充を忘れ、出先のATMで現金をおろすハメになったという失敗もたまに耳にします。せっかく手間ひまかけて袋分けしたのに、これでは予算と残高がわからなくなってしまいます。

その点、キャッシュレスなら手間をかけることなく、目的別に予算と残高をひと目で把握できます。

キャッシュレスで袋分けと同じように家計を管理する方法は2つあります。

(1) キャッシュレス決済手段を目的別にわける

まず目的別にわけた、プリペイド式の電子マネーやQRコード決済にそれぞれ予算額をチャージしていく方法です。たとえば、電子マネーのWAONでは食費、楽天Ｅｄｙは日用雑貨などと使いわけます。

それぞれの残高はレシートの末尾に記載されますから、買い物のたびにさっと見るだけで、あといくら使えるのかがわかります。もしレシートを捨ててしまったとしても、アプリ等にアクセスすれば、残高が確認できます。

(2) 家計簿アプリと組み合わせる

家計簿アプリに、使うキャッシュレス決済手段をあまさず登録しておく方法です。

そうすれば家計簿アプリに支払った額が一覧表示されますから、アプリを1つ開くだけで、それぞれの費目ごとの残高や予算との差額が把握できます。

使っているキャッシュレス決済手段が多い人は、こちらのほうが使い勝手がいいでしょう。

いかがでしょうか。これまで現金の袋分け家計管理を愛用していた人も、い

キャッシュレス生活の家計管理の例

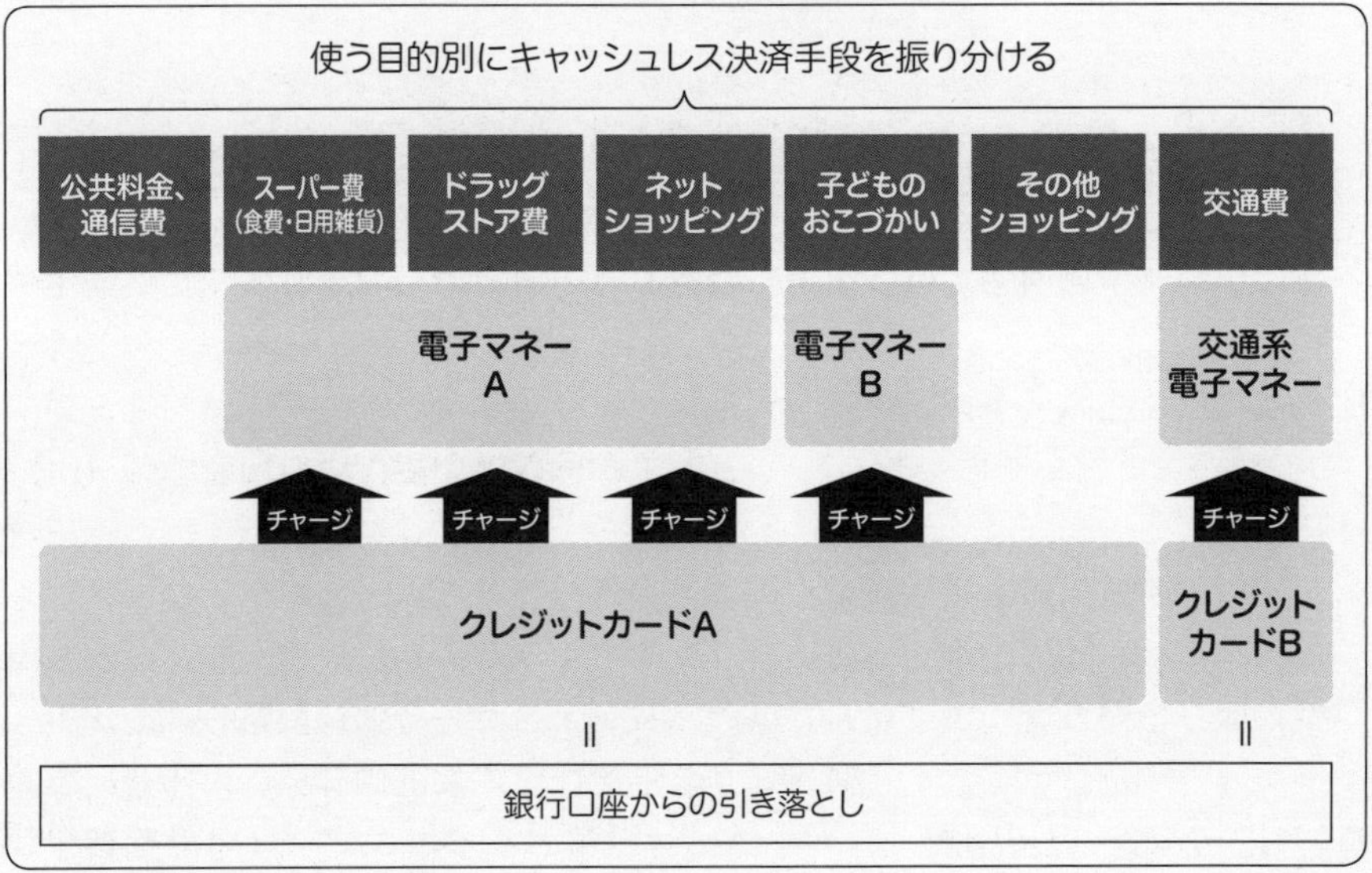

まよりもすっきり家計管理ができるはずです。

出張経費の立て替え・精算もぐんとラクになる

家計のご相談を受けていると、家計管理が面倒になる原因のひとつに「出張経費の立て替え」が多いと感じています。

把握しやすいお金の流れは、お給料が入り、使うたびに口座やお財布からお金が出ていくというシンプルなかたちです。

ところが、出張経費の立て替えは、自分の家計の支出でないにもかかわらず、実際は一度支出してお金が出ていき、あとで返ってくるため家計が把握しづらいようです。しかも、立て替え分がもどってくるのは、たいてい半月後や1か月後です。そのため、立て替え分を除いた自分の家計の支出がいくらなのかわからなくなってしまうのです。

これをスッキリ解消するには、立て替えと家計をきっちりわけることです。

キャッシュレスを活用し、立て替え専用の架空の財布をつくってしまうのです。

それにはまず、架空の財布と見立てた「立て替え用の銀行口座」を設定します。ここに1か月の立て替え費用をほぼカバーできるくらいの金額を入れておきます。

つぎに、この口座から引き落とすキャッシュレス決済手段を選びます。出張経費は交通費や宿泊代、接待の飲食代など、おおむね使う先が限られていることがほとんどです。そうしたシーンでもっとも多く使えるクレジットカードなり電子マネーなりを選んでおきます。これらは立て替え専用ですから、家計で使っているキャッシュレス決済手段とは別にしてください。

立て替え分の返還を受ける際は、この口座に振り込みを指定します。現金で受け取った場合は、ここへそっくり入金します。

そうすれば、この専用口座から立て替え費用を支出し、もどってくるというサイクルができ上がります。立て替え専用口座の中で、入ってくるお金と出ていくお金がぐるぐる回っていくだけですから、家計と切り離して考えることができます。

また、出張経費の立て替えをキャッシュレスにするメリットはもうひとつあります。キャッシュレスで決済すると、何を、いつ、いくら使ったかが自動的に記録されます。電車やバスはどこからどこまで乗ったかという経路や金額も記録に残るため、出張の精算事務がぐっとラクになります。

キャッシュレスなら「ヘソクリ」も簡単・完璧

「支出がガラス張りになったら、ヘソクリや使えるお小遣いが減ってしまうのではないか」――。そういって、キャッシュレスを拒《こば》む人もいます。

ヘソクリというからには洋服ダンスの中、本のページの間など、見つからないよう工夫を凝《こ》らしているかもしれません。

しかし、従来からの現金のヘソクリの欠点は「見つかったらそれまで」ということ。ヘソクリ額も一目瞭然です。不自然な場所からの現金入りの封筒は、いかにも「これはヘソクリです」と白状しているかのようです。

ところがこれが、ぱっと見はただのカードなら、どうでしょうか。そこにいくら入っているかは、すぐにはわかりません。

スマホに電子マネーやＱＲコード決済のアプリを入れているだけであれば、さらに見つかるリスクが低くなります。じつは、キャッシュレスのほうがヘソクリは発覚しにくいのです。

ちなみに、配偶者がスマホをチェックする習慣がある場合、トップページにヘソクリ用キャッシュレスのアイコンを表示させない設定にしておくといいでしょう。

6

キャッシュレス心配相談

安心して使うための「セキュリティ」対策！

キャッシュレスだと「知らずに支払っていた」こと、あり得る？

キャッシュレス決済を使ったことがない人からは、さまざまな質問を受けます。たとえば、こんな疑問もそのひとつです。

「スマホに複数の電子マネーを入れていたら、改札を通ったり買い物をしたときに、その複数の電子マネーからそれぞれお金が支払われてしまうのではないか？」。同じ疑問は、じつは私も悩んだことがあります。

結論をいうと、複数から同時に決済がなされることはありません。なぜなら「この電子マネーで決済します」などの意思表示をしてはじめて決済されるシステムになっているからです。

しかし、改札への意思表示は、ただタッチするだけです。複数の交通系電子マネーを同時にタッチすればどうなるでしょう。答えは「エラーになる」です。交通系電子マネー同士がお互いに干渉し合って、情報が正常に伝達されないのです。なお、たとえスマホに複数の電子マネーやＱＲコード決済が入っていても、交通系電子マネーが1つならエラーになりません。

2019年8月現在、スマホで使える交通系電子マネーは唯一「モバイルSuica」であるため、こういった問題は起こりません。もっとも、モバイルSuicaを入れたスマホのケースにほかの交通系電子マネーが入っていたり、パスケースに複数のカードを収納していれば、やはりエラーになります。

とはいえ、いずれはPASMOもモバイル化することが検討されており、その他の交通系電子マネーも遅かれ早かれモバイル化へ向かうでしょう。

しかし、現在の交通系ICカードの技術的な仕様では、同じFeliCaチップ内でPASMOとSuicaを同時に使うことができないようです。

今後のさらなる技術の発展が注視されます。

スマホが「電池切れ」のピンチ、どう対策する？

いまや通信手段だけにとどまらないスマホ。音楽を聴く、動画を見るなど1

台でいくつもの役割をこなします。さらに、キャッシュレスで支払いまでもができるその便利さは、はかりしれません。

しかし、それだけに電池切れは深刻な問題です。支払いをする段になって、電池残量がゼロになってしまう可能性は十分あります。電池切れでなくても、何らかのトラブルで電源が落ちたり、故障するといったことも起こりえます。

こうしたピンチに備え、スマホ決済一辺倒《いっぺんとう》ではなく、カード型のキャッシュレス手段も1枚は持っておくことをお勧めします。キャッシュレスの種類をあまり増やしたくないのであれば、スマホもカードも同じ電子マネーにするのがよいでしょう。

ただし、カードタイプの電子マネーは、申し込んでから郵送で届くまでに、すくなくとも数日はかかります。それを見越して、思いたったら早めに申し込んでおきましょう。

いっぽうQRコード決済は、KyashやLINE Payのリアルカード以外はスマホでしか使えません。したがって、電池が切れると、もうアウトです。できれば、キャッシュレスの手段がQRコード決済だけというのは避けたいところです。

また、キャッシュレス生活といっても、いざというときのため現金を持ち歩くのを忘れないでください。

「キャッシュレスを使えない」という場面があったら？

現状の日本でスマホの電池切れより懸念《けねん》されるのは、キャッシュレス決済を使えるお店がなかった場合です。東京とその近郊や大都市圏では、キャッシュレス生活に不便を感じないまでになってきました。

ところが、地方や郊外では、まだそうでないところもあります。地方在住の人はもとより、旅行や出張で出かけたときにキャッシュレス手段しか持っていないと支払えず、困ってしまうことにもなりかねません。

いっぽうで、地方でもキャッシュレスに力を入れている地域もあります。

たとえば、鹿児島県の与論島《よろんとう》では、2019年3月から「キャッシュレスアイランドプロジェクト」が始まりました。島全体でキャッシュレス決済化を進めており、約100店舗に「PayPay」を導入したとのこと。こういった観光地でのキャッシュレス化は、多額の現金を持たずに旅行できて大歓迎です。

今後は地方でもキャッシュレスがひろがる可能性があります。キャッシュレス化のメリットは、地方のほうがより強く感じられるのではないかと思います。なぜなら、人口密度が比較的低く交通の便もよくないような地域では、金融機関にとってもATMの設置がコスト高になります。そうなると今後、ATMを間引いていくことも考えられ、地方こそ現金を手に入れるハードルが上がるかもしれません。そうであれば現金を使わずに買い物やサービスが受けられる環境を整えておいたほうが、圧倒的に利便性が高まるのではないでしょうか。

ところで、そもそもキャッシュレスがそぐわないシーンもあります。たとえば、冠婚葬祭です。ご祝儀やお香典を電子マネー等でやりとりするのは、いまの感覚では現実的ではないでしょう。

とはいえ、高野山の金剛峯寺《こんごうぶじ》でお守りなどの購入にクレジットカードが使えるようになったり、お布施をキャッシュレスで支払えるお寺も登場しています。冠婚葬祭の感覚も、ゆくゆくは変わるかもしれません。

支払う時まごつかないQRコード利用のお作法

キャッシュレス生活を始めるとき、いちばん戸惑うのはQRコード決済ではないでしょうか。クレジットカードは「クレジットカードでお願いします」といえば、お店の人が誘導してくれたり、預かって手続きをしてくれたりします。電子マネーも端末にタッチするだけです。

しかし、QRコード決済は、支払うまでにアプリを立ち上げて支払い画面を出すという〝自分のアクション〟が必要になります。支払い方は大きくわけて2通りです。

(1) コードを読み取ってもらう場合

アプリをタップして開きます。このときパスワードの入力が必要なものもあります。多くのQRコード決済アプリでは、トップページにQRコードやバーコードが出てくるようになっています。

QRコードやバーコード画面を提示し、お店の人が読み取ってくれるのを待ちます。値札やタグを読み取るのと同じようなハンディタイプの読み取り機が多いようです。なかなか読み取れないときは、スマホの画面の明度を「いちばん明るい設定」に引き上げましょう。これでおおかたは解決するはずです。

(2) お店で用意したコードを自分で読み取る場合

お店のレジに貼られたシール、端末や固めの紙にしるされたバーコードなどを、自分のほうからスマホの決済画面で読み取ります。

できるだけ手ブレさせずにコード全体を写し、あとはそのまま待ちます。

多くは読み取ったあと、支払い金額を入力します。入力画面が出たら金額を入力し、決済のボタンを押すとお店側の端末に情報が送られます。お店の人がそれを確認すれば、支払いは完了です。


レジに並んでいる間、もしくは買い物が決まった時点でアプリを立ち上げておくと、スムーズに支払いができます。ただし、あまりに早く立ち上げすぎると意味がないため注意が必要です。QRコード決済のコードは、セキュリティ上の理由から一定時間だけ表示されるものが多いからです。

はじめてのQRコード決済も、あらかじめ支払いの流れさえわかっていれば、落ち着いて決済できるのではないでしょうか。

セキュリティを保つ3つの注意ポイント

「キャッシュレスは便利でおトクそうだし、興味はある。けれど、やはりセキュリティが心配」――。そう不安を感じて、キャッシュレスに踏みだせない人もいます。キャッシュレス決済各社はセキュリティに力を入れていますが、「絶対に安全」とは誰にも言いきれません。

しかし、自分でできる対策でリスクを最小限にしておくことはできます。IDやパスワードの管理、ウイルス対策ソフトについてはこれまで述べてきましたが、まだできることはあります。

(1) 口座残高やカード限度額で対策

ハッキングや不正利用がないとはいいきれません。もしものときのために、キャッシュレス専用のごく少額のお金しか入れない銀行口座や、利用限度額が低いクレジットカードを持っておく方法もあります。自分で申し出れば、クレジットカードの限度額は低く設定することもできます。こうしておけば、気づかないうちに大きな金額を使われてしまうという事態を防げるはずです。

なお、クレジットカード等で自分に責任のないハッキングや個人情報流出事件が起きた場合、一般的に被害額の支払いを免れることができるケースもあるようです。

(2) 銀行のお金はできるだけ定期預金に

キャッシュレス専用の銀行口座をつくるなどで口座数を増やすのが嫌なら、銀行口座のお金はできるだけ「定期預金」にしておくようにしましょう。不正利用で〝出ていくお金〟は、おもに「普通預金」から決済されることが多いからです。

数百万、ときには数千万単位のお金を普通預金に置いている人もいますが、これらの大半を定期預金に移すだけで、万一のときの被害防止が期待できます。

ちなみに、定期預金は満期まで引き出せないという誤解がよくあります。しかし、満期前解約したとしても、利息が満期時より下がるだけで、すくなくとも翌営業日には元本割れすることなく引き出せます。

(3) 紛失したときの備え

キャッシュレス決済のカードやスマホを落とした、盗まれたときに備え、連絡先や口座番号、IDなどのデータを控えておきましょう。悪用されるのを防ぐには、1分1秒でも早く口座にロックをかけなければならないためです。

キャッシュレス生活をすでに謳歌《おうか》している人も、こうしたセキュリティ面は十分に備えてください。これらはキャッシュレスだけでなく、銀行や証券などネットバンキングを利用するときも当てはまります。

甘く考えてはいけない スマホの取り扱い方

スマホを使ったキャッシュレス生活は手軽で便利な反面、気をつけておきたいことがたくさんあります。スマホはいまやお財布とならぶ貴重品であるにもかかわらず、無防備な人が多すぎます。たとえば、通勤通学の電車や外出先での〝人目〟に、もっと注意してほしいのです。

カフェなどでスマホをテーブルに置きっぱなしにしたまま、カウンターやトイレに立つ人さえ、たまに見かけます。これはお財布を置きっぱなしにしているのと同じです。

たとえキャッシュレス決済を使っていないとしても、スマホは個人情報の宝庫です。置きっぱなしにする、ズボンのうしろポケットに無造作に突っ込む、カバンの見えやすいところに差しておくといったことは避けたいものです。

また、混んでいる電車のように、他人が容易にスマホの画面をのぞき込める状況で、お金関係のアプリを見るのはやめておいたほうがよいでしょう。

電車で移動していて、「最近は家計簿アプリでお金を管理している人や、スマホ決済を使っている人が増えたなあ」と感じることがあります。それはすなわち、そうしたスマホ画面がそれだけ人目にさらされている証拠ともいえます。

筆者も、のぞき込んでいるわけではありません。けれど、「この人はこの家計簿アプリを使っているのか」「資産運用もしているのね」など、見る気がなくても見えてしまいます。混雑時の閲覧にはくれぐれも気をつけてください。

ましてや、パスワードなどの入力も混雑しているときは避けてください。口座番号やID、パスワードが悪意ある人の目に触れたら、あとでログインされないとも限りません。

ちょっと神経質かもしれませんが、地下鉄の窓ガラスにスマホの画面が映り込むのも考えものです。お金関係の入力や閲覧は、誰にものぞかれない状態でおこなってください。

さらに、スマホのトップ画面に電子マネーやQRコード決済アプリ、家計簿アプリを、ずらずらと並べておくのもあまり感心しません。もしもトップ画面が悪い人の目に留まったら、いかにも貴重な情報が詰まっている〝おいしそうなスマホ〟に見えることでしょう。

とはいえ、ＱＲコード決済は、支払い時にさっと出せないと不便です。そうしたお金関係のアプリはいちばん目に触れるトップ画面ではなく、ひとスワイプすれば取り出せる位置に入れておくのがおすすめです。こうした配慮も自分を守る大切な手段のひとつです。

世の中、悪人ばかりではありませんし、見えたところで悪用しない人のほうが多いと思います。それでも、もしもに備えて、できることはおこなっておきましょう。

キャッシュレスで資金をつくって運用する方法

キャッシュレス決済とともに話題になったサービスに、「おつり投資」があります。

まずは質問です。「毎日330円の積立」と「毎月1万円の積立」では、どちらのほうが楽にできそうだと思いますか？　３３０円といえば、ちょうどカフェのコーヒー１杯と同じくらいの金額です。

ここで毎日３３０円なら続けられそうと思った人は、おつり投資が向いているかもしれません。では今度は、先の２つのうち直感的にどちらが貯まりそうと思ったでしょうか？

じつは、ひと月に貯まる額はどちらもほぼ同じです。３３０円を30日積み立てれば、９９００円になります。

かつて、「保険料は1日のコーヒー代程度です。これくらいなら出せますよね？」と保険の勧誘をされたことがあります。なるほど、こうして心理的なハードルを下げるのかと感心したものです。ちょこちょこ出ていく小さな金額は、心理的な抵抗がすくないからです。

この心理を貯めるほうで利用するのが、おつり投資の原理です。

では、おつりのないキャッシュレスで、どうやって貯めるのでしょうか？

おつり投資では、あらかじめ「いくらに対してのおつりを投資するか」を設定します。たとえば、１０００円と設定すれば、１０００円未満の支払い額に対する架空のおつりが投資にまわっていくしくみです。880円を支払ったときは、120円が投資にまわります。

おつり投資はよくできたしくみですが、資産運用をするなら「コスト」にも敏感であるべきです。

あるおつり投資アプリでは、投資にまわす額（おつり額）にかかわらず、月額の利用料が300円かかります。

また、月額利用料はないものの、預かり資産に対して年1％の手数料がかかるものもあります。これは運用商品自体の手数料とは別にかかります。資産運用の手数料としては高めといったところでしょう。

そうした高い手数料を払ってまでおつりで投資する価値があるかといえば、筆者の考えでは疑問です。資産運用の効率からいえば、毎月1万円を収入から天引きして、コストの低い運用にまわせば十分と考えるからです。

おつりで投資しなくても、資産運用の方法はほかにいくらでもあります。

ただ、どうしてもやりたい、向いているという人は、せっかくやるのなら、楽しんで運用してみてください。

7

キャッシュレスならではの効果

「海外旅行」で必ず
トクする知恵と方法！

キャッシュレス生活は海外でもトクできる

さて、ここまで日本国内のキャッシュレス生活についてお話ししてきました。では、海外へ出かけるときにはどうすればよいでしょうか?

日本のキャッシュレス化はまだ道半《みちなか》ば。海外には、日本よりずっとキャッシュレス化が進んでいる国があります。日本のキャッシュレス決済比率は２０１６年時点で約20％です。

いっぽう海外のキャッシュレス決済比率は韓国96・４％、イギリス68・７％、中国65・８％、オーストラリア59・１％、カナダ56・４％、スウェーデン51・５％、アメリカ46％です（すべて２０１６年時点。一般社団法人キャッシュレス推進協会「キャッシュレス・ロードマップ２０１９」より）。

したがって、こういった国々へ出かけるなら、キャッシュレスを前提にお金の用意をしたほうがよさそうです。キャッシュレスが使えないと不便なだけではなく、現金よりおトクになるケースも少なくありません。

たとえば、イギリスのロンドンで移動するときに欠かせないのが地下鉄です。最低料金（ゾーン1の区分）は、通常4・9ポンドです。しかし、キャッシュレスで改札を通れば、2・4ポンドと半分以下の金額になります（2019年8月現在）。

そもそも高いことで有名なロンドンの地下鉄ですが、現金で払うとさらに高くつくことがわかります。

なお、キャッシュレスの場合は、ゾーン1と2の範囲ならどれだけ乗っても、最大7ポンドに抑えられるというおトクな料金設定もあります。

それなら、ぜひともロンドンでキャッシュレスを活用したいところですが、必ずしも日本のキャッシュレスがそのまま使えるわけではありません。Suicaなどの交通系電子マネーも使えません。

ここで使えるのは「コンタクトレス」という決済手段です。コンタクトレスは、端末にかざして決済する「非接触型」です。使い方自体はSuicaなどとまったく同じです。

「コンタクトレス」決済を海外で使うには?

コンタクトレスは現在、「VISA pay wave」「Mastercardコンタクトレス」「American Expressコンタクトレス」など、各社から発行されています。

気をつけるべきは、これらのブランドのクレジットカードでも、すべてがコンタクトレスとして使えるわけではありません。次ページの図に示したようなマークがついているものに限られます。

日本でも、最近発行された銀行のデビットカードやクレジットカードには、このマークがついているものがあり、コンタクトレスとして使えますから、じつは、もう持っている人もすくなくないはずです。まずは手持ちのカードを確認してみてください。

VISAやMastercardは数多くの国で使えるうえ、日本からコンタクトレスを持っていけば両替する手間もなく、海外の空港に着いてすぐ使えます。

ロンドンの地下鉄のほか、シンガポールなどでもきっぷを買わずに改札を通れて便利です。

もちろん改札だけでなく、スーパーやレストランといったところでも支払い手段として使うことができます。

「VISA pay wave」や「Mastercardコンタクトレス」は、国内でも使えるところが徐々に増えてきています。国内でも海外でも同じ決済手段が利用できるのは大きな強みです。出張や旅行で海外によく出かける人は、1つ持っておいてもよいでしょう。

なお、同じコンタクトレスといっても決済時期に違いがあり、デビットカードのものは即時決済となりますが、クレジットカードのものは後払いとなります。

現在、コンタクトレスのほか、同じように使えるものには「Google Pay」や「Apple Pay」があります。

なお、こうしたキャッシュレス決済は、国によって対応できるカードの種類が異なりますので、渡航前に確認しておきましょう。

コンタクトレスのマーク

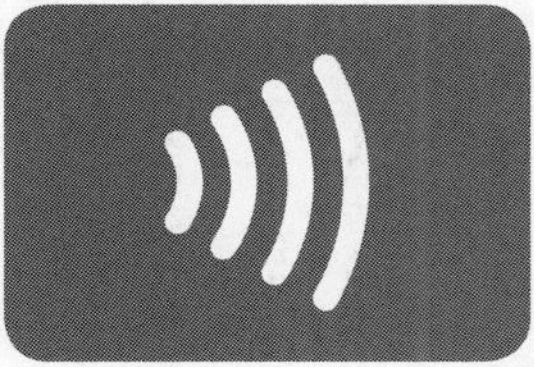

海外での現金払いはもっとも損をする行為

海外でキャッシュレスを使うと、外貨現金への両替が不要になります。これは、手間がかからないというだけではありません。為替レートの面でもメリットがあります。

一般に、外貨現金に両替して使うよりも、キャッシュレスのほうが為替レートがおトクになるからです。

まずは、為替レートの基本的なしくみを紹介しましょう。

日々のニュースなどで「1ドル＝○○円」という為替レートを目にしますが、あのレートで外貨の両替ができるわけではありません。実際は、もう少し上乗せされたレートになります。こうした為替レートの差が「為替手数料」です。

外貨といっても外貨預金など外貨運用商品での為替取引や、クレジットカードのように現金を介さない為替取引もあります。これらを含めたありとあらゆる為替レートの中でもっとも手数料が高いのが「現金」の為替レートです。

「現金」がもっとも為替手数料が高い〈為替手数料で変わる為替レート〉

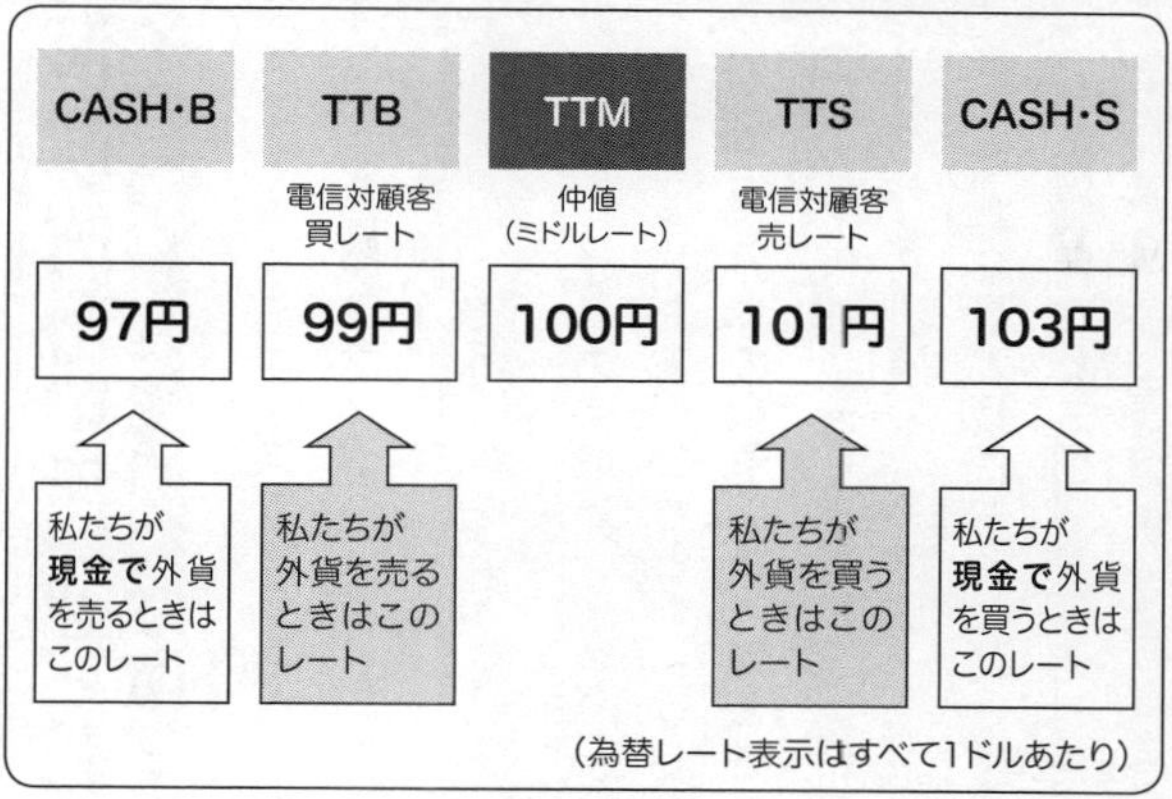

上の図のうち、「ＴＴＭ」はニュースなどでよく目にする為替レートに近いものです。

そして、現金から現金への両替が「CASH・S」と「CASH・B」です。「CASH・S」（S=SELL）は円から外貨へ替えるとき、「CASH・B」（B=BUY）は外貨から円へ替えるときの為替レートです。

ＴＴＭとこれらのレートの差が為替手数料ですから、為替手数料は、現金同士の両替がもっとも高くなります。

したがって、現金の高い為替手数料を避けるべく、外貨でもキャッシュレスで支払うのが得策というわけです。

海外旅行でのキャッシュレス、その種類と使いわけは？

海外でキャッシュレスを使うなら、つぎのような手段があげられます。

（1）クレジットカード
（2）デビットカード
（3）電子マネー
（4）プリペイドカード

このうち、おもに使われるのはクレジットカードやデビットカードです。前述のように、日本の電子マネーは海外ではそのまま使えないものが多いからです。同じ「非接触型（NFC）の電子マネー」でも、Suicaなどの「FeliCa」と、コンタクトレス決済の「TypeA/B」は技術的なタイプが違うのです。

では、これらはどう使いわけていくのがよいのでしょうか？　海外でキャッシュレスを使うには、国内利用とは違うポイントを意識しておく必要があります。それは、決済手段によって「いつの時点の為替レートが適用されるか？」

が異なるという点です。

デビットカードやプリペイドカード、プリペイド式の電子マネーで支払えば、銀行口座やプリペイドチャージ分から即時に引き落とされます。したがって、適用されるのは「支払った時点の為替レート」です。

いっぽう、後払いであるクレジットカードは請求時点の為替レートとなります。では、いったいいつ請求されるかですが、利用した店舗等やカード会社が支払い処理をおこなった日など、これは各カード会社ごとにさまざまです。

為替に慣れた人であれば、この先円高になりそうだからクレジットカード、円安になりそうだからデビットカードと使いわけるのもひとつの手です。

いっぽう「為替の動きなんて予測がつかない」という人は、手持ちのカードの還元率で選ぶのがよいでしょう。

安全性の心配から海外でクレジットカードの使用をためらう人や、学生などクレジットカードをつくりにくい人にとって、デビットカードや海外専用プリペイドカードは海外での心強い存在になるはずです。

なお、よく聞く失敗のひとつがデビットカードや海外専用プリペイドカードのチャージを忘れ、残高不足で使えなかったというものです。カードによっては日本国内でしかチャージできないカードもあるため、くれぐれもご注意ください。

ちなみに、筆者は複数のキャッシュレスを持っていき、そのときどきの為替の状況に応じて現地で使いわけています。国にもよりますが、外貨現金を使ってもトータルで1万円を超えないこともけっこうあります。

海外での優待やキャンペーンをおこなっているクレジットカードなどもあります。出かける前にそうしたものが使えないか調べておけば、よりおトクに楽しめるのではないでしょうか。

海外では必ず「手数料」を確認すべき

どのキャッシュレスで支払うか決めるには、もうひとつ考慮しておきたい点があります。それは手数料です。先ほどの為替手数料以外にも、各カード等の事務手数料、支払い手数料などの各種手数料が存在します。

デビットカードの中には、為替手数料のほか、飲食やショッピングの利用に手数料がかかるものがあります。しかも、その手数料率は0・8~5%と、カードによりかなり幅があるのが実情です。これだけ差があると、同じものを買っても円での支払い金額がけっこう違ってきます。

なお、同じカードでも条件によって手数料が違う場合もあるため、注意が必要です。

たとえば、ソニー銀行のデビットカード「Sony Bank WALLET」では、ソニー銀行に外貨口座を持っているかどうかで手数料が違います。持っていれば、円の普通預金口座からの支払いでも、かかるのは為替手数料だけです。

いっぽう、外貨預金口座がなければ、事務処理経費として1回のショッピングにつき1・76%の手数料がかかります。

なお、外貨普通預金口座に入っている外貨で支払うこともできます。この場合は、為替手数料もかかりません。しかも、円高のときの有利な為替レートで手に入れた外貨なら、かなりおトクになります。外貨口座からの支払いは、米ドル、ユーロ、ポンド、豪ドルなど10種類の通貨が対象です。

住信SBI銀行が発行する「ミライノデビット」も、口座内の外貨（米ドル）による決済が可能です。ただこちらは、米ドル・円いずれの支払いにも海外事務手数料が2・5％かかります。ただし、現在は米ドルに限り、海外事務手数料分が年間30回までポイントバックされます（2019年8月時点）。


チャージして使うだけの、デビット機能がついていないプリペイドカードもあります。このタイプには、使いきれなかったお金を帰国後にカードから取り出すときに手数料のかかるものがあります。

海外でいくら必要になるかは予測しづらいものです。用心のため、少し多めにチャージしていく人もいるのではないでしょうか。

このタイプには「JAL Global WALLET」があります。まず、銀行振込やインターネットバンキングでのチャージは1回につき200円の手数料がかかります。ただし、住信SBIネット銀行からの口座振替なら、手数料は無料です。外貨チャージについては、各通貨ごとの手数料がかかります。

そして、チャージした使い残しをカードから取り出す場合、外貨でチャージした分は、そのままでは元の銀行口座にもどせません。

日本円に両替したうえで戻す必要があるため、せっかく有利な為替レートで手に入れていた外貨をムダにしてしまう可能性もあります。いっぽう、日本円なら口座にもどすときの手数料はかかりません。

そのほか、プリペイドタイプのおもなものには「GAICA」「マネパカード」がありますが、いずれも払い戻し手数料が1回につき500円かかります。使い残しには注意が必要です。

こうしたプリペイドカードは、概して手数料がかさみがちという面もあります。しかし、外貨預金やクレジットカードをもたない人が、海外旅行の間だけ決済手段をもちたい場合には便利です。

なお、クレジットカードの場合の手数料ですが、為替レート自体に1・6％など事務処理手数料がプラスされます。この手数料はカード会社によって異なります。

これらキャッシュレスのいずれを使うべきかは、こうした手数料コストも含めた「トータルコスト」で考えることが何より大切です。したがって、新しくカードをつくるなら手数料はしっかり調べてからにしましょう。

また、海外に持っていくキャッシュレスの手数料も、必ずあらかじめ確認しておきましょう。なお、カードによって対応通貨が限られることもあるので注意してください。

海外のATMで外貨を引き出す場合には?

海外でもキャッシュレスは便利でおトクだとお伝えしてきましたが、そのメリットはじつは安全面にもあります。

これまで海外でクレジットカードを使うことに不安に感じた人もいるはずです。たとえば、お店のスタッフがクレジットカードを持って奥に消えようものなら、「情報が抜き取られ、不正利用されたら」と心配してしまうかもしれません。

この点、コンタクトレスは端末にかざすだけでよいので、支払うときに自分の手からカードを離さずにすみます。

また、治安のよい日本と違って、海外では盗難が多い国々もあります。現金は盗られてしまえばそれっきりですが、キャッシュレスなら連絡してカードを凍結させることができます。

また、プリペイド式のカードであれば、チャージ額以上の被害は生じません。

そう考えれば、海外ではキャッシュレスを使うほうが安心と感じる人も多いのではないでしょうか。

そして、安心や安全という面で不安な場面のひとつがタクシーに乗るとき、という人もすくなくないかもしれません。

その点、「UBER」（57ページ参照）などを利用すれば、あらかじめ料金がわかり、現金のやりとりをすることなくスマホのアプリ上で支払いがすんでしまいます。これなら不当な金額を支払わされる心配もありません。

もっとも、いくらキャッシュレス化が進んでいる国でも、その国の現金もある程度は持っておきたいものです。

国によって決済で使うシステムが違うことがあるからです。

筆者はハワイのクレジットカードが使えるはずのセルフガソリンスタンドで、それが使えなかった経験があります。理由は、アメリカで発行したクレジットカードしか使えないとのことでした。

そのほか、通信状況が悪いケースも考えられます。

しかし、だからといって日本から多額の現金を携えていくのも心配です。そこで、現地のATMで外貨を引き出す方法もあります。この方法なら、円の現金から外貨現金へ両替するよりも為替レートも有利です。

キャッシュレスの決済手段として持っていくカードが、現地ATMから現金を引き出せるものであれば、一石二鳥です。

海外のATMで外貨を引き出す方法は、大きくわけて3つあります。

(1) 銀行口座などから引き出す。

(2) プリペイドカード等を使って、チャージ分から引き出す。

（3）クレジットカードを使い、「キャッシング」で引き出す。

ATMを利用する場合も、為替手数料以外に海外ATM手数料や現地ATM手数料、事務手数料などがかかります。どの手数料がどれくらいかかるかはカードによってさまざまです。

たとえば、海外ATM手数料だけでも、216円などの定額もあれば、1.76%などの利率設定もあります。いずれにしても各手数料をふくめたトータルコストで比較していくことがポイントです。

海外旅行は楽しいものの、現地での出費も何かとかさみがち。さまざまな支払い方法を使いこなして、すこしでもおトクな旅を存分に満喫してください。

いま、私が実践しているキャッシュレス生活とは——あとがきにかえて

ファイナンシャル・プランナーという職業柄からか、「おトク」や「お金が増える」話は大好き、そして、それ以上に「時短」や「手間を省く」ことも大

好きです。そんな筆者がキャッシュレスに飛びつかないはずはありません。まだ使う人がすくないうちからキャッシュレスを使ってきました。

その後も新しいサービスが始まるたびに、趣味と実益を兼ねて「まずは自分で利用してみる」をできるかぎり実践しています。マネー相談にいらしたお客様にキャッシュレスや時短家計簿をおすすめする場合もあり、できるだけ自分で体験しておきたいからです。

しかし、一方で慎重派でもあるため、万が一、不正利用されたとしても損害額が極力すくなくすむよう、QRコード決済ほかキャッシュレスに連携する銀行口座を専用に設けて、その口座残高はつねにごく少額にキープしておくようにしています。連携するクレジットカードの利用限度額も下げています。

そして、費目別に電子マネーなどのキャッシュレス手段をわけることで、費目ごとの使用金額をより把握しやすくもしています。

さらに、これらの各支出を管理するのは、家計簿アプリ「マネーフォワードME」に自動連携させた、支出だけの「時短家計簿」です。

現在は、銀行口座から現金をおろすのは毎月1回、2万円だけです。飲み会でのワリカンや旅行のとき以外、現金で支払うことはほぼなくなりました。ですから、お財布に入れた現金2万円も、仕事が詰まって飲み会の予定が入れられない時期は、手つかずのままになるほどです。

しかし、本文でも述べてきたように、キャッシュレス生活といっても「現金をまったく使わないようにしよう」というわけではありません。あくまでも、より「おトク」に「時短」にお金とのつき合い方を最適化するのが目的です。

家族構成、生活圏、何にお金を使っているか、そして、どんな方式が自分にとって使い勝手がいいかによって、最適なキャッシュレス生活は違ってきます。

ぜひ、自分オリジナルの最大限おトクで便利なキャッシュレス生活のしくみをつくっていってください。

KAWADE
夢文庫

キャッシュレス
どんどん得する使い方

二〇一九年一〇月一日　初版発行
二〇一九年一一月五日　2刷発行
著　者……福島えみ子
企画・編集……夢の設計社
東京都新宿区山吹町二六二〒162-0801
☎〇三―三二六七―七八五一（編集）
発行者……小野寺優
発行所……河出書房新社
東京都渋谷区千駄ヶ谷二―三二―二〒151-0051
☎〇三―三四〇四―一二〇一（営業）
http://www.kawade.co.jp/
装　幀……こやまたかこ
印刷・製本……中央精版印刷株式会社
DTP……イールプランニング

Printed in Japan ISBN978-4-309-48525-6